지상?
지하아이돌

여러분이 지금껏 알지 못했던 라이브아이돌

지상?
지하아이돌

최은혁 지음

좋은땅

들어가기에 앞서

뉴진스, 블랙핑크, 스테이씨 등등…. 다들 한 번씩은 들어 보셨을 거예요. 맞아요. 여러분 모두 아주 잘 아는 유명한 아이돌입니다.

그럼 혹시, 지금 말씀드리는 아이돌은 혹시 아시려나요?

이호테우, 네오에스픽, 하라무코, 우코프페, 하츠칸덴 등.

네? 처음 듣는다구요? 들어 본 적이 있는 거 같기도 하다고요? 네, 지금 말씀드린 그룹은 기존에 우리가 아는 아이돌과는 비슷하지만 다른, 라이브를 주로 활동하고 있는, 지하아이돌(라이브아이돌)이라고 합니다.

이 책은 이제껏 여러분이 알지 못했던 지하아이돌에 대한 소개서이자, 지하아이돌에 대해 좀 더 쉽게 다가가기 위한 가이드북입니다.

그럼, 저와 함께 지하아이돌의 세계로 떠나실 준비가 되었나요?

지금 바로, 『지상? 지하아이돌』시작합니다!

목차

지상?
지하아이돌!

지하아이돌?
그게 도대체 뭔데!

♬ 지하아이돌이란?

일본 아이돌 업계에서 TV나 방송에 따로 출연하지 않고 라이브를 주로 하는 아이돌입니다.

기존에는 볼 수 없었던 새로운 요소들을 바탕으로 이어져 오고 있는 하나의 문화랍니다.

먼저 지하아이돌의 배경이 되는 일본에서는 어떻게 생겼는지 한번 알아볼까요?

일본에서의 역사

♫ 쇼와 아이돌, 오냥코 클럽 그리고 모닝구무스메

1970년대 일본에서는 오디션 프로그램인 〈스타 탄생!〉의 출현을 기반으로 탄생한 핑크레이디, 야마구치 모모에가 등장하면서 최초로 여성 아이돌이라고 불리우게 됩니다.

더불어 일본 여성 아이돌 붐을 일으키는 건 덤.

시간이 흘러 1980년대, 일본에서는 쇼와 아이돌, 오냥코클럽, 모닝구무스메 등이 등장. 대중가요 및 CM 송을 부르기 시작하여 미디어 매체에 알려짐으로써 큰 인기를 끌기 시작합니다. 이때를 일본 여성 아이돌 황금기의 시작이라고 봐도 무방할 정도예요.

그러다, 90년대에 점차 아이돌이란 직업이 세분화되며 여러 형태를 띄게 됩니다.

흔히들 아시는, 모델(그라비아 아이돌)이라던가 배우, 아나운서 등과 같이 다양한 직업으로 나눠지게 되면서, 아이돌이라는 형태는 점점 의미를 잃어 가기 시작합니다.

또한, 90년대 초에는 일본에는 밴드 열풍이 불어 아이돌보다 밴드에 비중이 커지며 라이브하우스가 생겨날 정도로 밴드가 큰 인기를 끌기 시작하죠.

그러다 90년대 중후반, 그룹 아이돌의 시대가 부활하게 됩니다.

이때 일본에서는 모닝구무스메를 중심으로 각종 오디션 및 예능 방송이 인기를 끌기 시작하고 다양한 컨셉 및 음악성으로 대중들에게 자리매김을 하게 돼요. 이때 모닝구무스메를 뒤이은 퍼퓸, 모모쿠로 같은 그룹들이 나오며 그야말로 여성 아이돌이 일본 전역을 지배하던 시기가 됩니다.

이후, 2000년대 초반, 방송이나 미디어가 아닌, 라이브를 기반으로 하는 아이돌이 등장하게 됩니다.

기존, 밴드 열풍에 우후죽순 생겨난 라이브하우스들은 밴드 열풍이 사그라들자, 라이브를 주로 활동하는 아이돌에게 눈을 돌리기 시작합니다.

그 결과, 기존에 있던 라이브하우스를 바탕으로 다양한 무대에 설 기회가 많아지며 라이브를 기반으로 한 지하아이돌이란 존재가 수면 위로 떠오르기 시작합니다.

지상? 지하아이돌

(이때까지만 해도 지하아이돌의 음악 대부분은 밴드 형식이며, 기존에 라이브하우스에서 활동했던 밴드들이 프로듀싱을 맡아 진행하는 경우가 대부분이었다고 해요.)

♫ 일본 아이돌의 새로운 돌풍을 일으킬 AKB48의 등장

그러다 2006년, 일본에 아이돌 시장에 새로운 바람을 일으킬 AKB48이 등장, 언제나 만날 수 있는 아이들이란 타이틀을 새롭게 선보이며 활동을 시작합니다.

기존, TV 프로그램이나 방송국, 팬미팅에서만 바라보고 끝나는 것이 아닌, 직접 보고 느낄 수 있는 라이브를 중심으로 활동하기 시작합니다.

이렇게 라이브를 주로 하는 AKB48은 '자신이 좋아하는 아이돌의 성장을 가까운 곳에서 지켜볼 수 있다.'라는 기존과는 차별된 특징을 앞세워 엄청난 인기를 끌게 됩니다.

또한, AKB48은 라이브 공연뿐만 아니라 팬들과의 소통에도 포커싱을 두며, 최초로 '악수회' 시스템을 도입하게 됩니다.

기존에는 상상조차 할 수 없던 새로운 시스템을 가지고 온 AKB48은 단순 무대에서가 끝이 아닌, 무대가 끝난 뒤에도 팬들과의 다양한 만남을 통해, SNS나 미디어 매체로만 보던 2차원적 형식을 3차원으로 끌어

올리게 됩니다.

이로써 기존 아이돌의 2차원 틀에서 벗어나 새로운 형식인 3차원 형식을 기점으로, 언제든 만날 수 있는 지하아이돌이 여러 지역에서 탄생하게 됩니다.

이후 AKB48의 자매 그룹인 NGT48, STU48이 등장. 이뿐만 아니라, 노기자카46, 케야키자카46 등의 지하아이돌이 생겨나며 붐을 일으켰고, 일본에서는 지하아이돌이 하나의 문화로 자리 잡게 됩니다.

*   *   *

여담으로 AKB48의 인기가 엄청나 일본에서는 하나의 사회 현상으로 분류하기도 했답니다.

이때 당시 아키하바라에는 AKB48 전용극장이 있을 정도였으니까요.

지상? 지하아이돌

국내에서의 역사

국내에도 지하아이돌의 역사가 있고, 우리가 생각하는 것보다 오래되었다는 점!

그럼 바로 한국에 있는 지하아이돌의 역사도 알아볼까요?

♫ 유루메르모 내한 공연, 그리고 집호랑이 축제

때는 바야흐로, 2017년. 유루메르모라는 유명 아이돌이 홍대에 위치해 있는 west bridge홀에 내한 공연을 오게 됩니다. 〈체인소 맨〉 오프닝을 불렀었던 아노가 활동했었던 팀이에요.

이때 국내에는 일본 애니메이션 〈러브라이브〉나 일본의 서브컬쳐 문화를 좋아하는 사람들, 일본의 지하아이돌 팬들이 공연을 보러 가게 됩니다.

유루메르모 공연을 본 관객들 중 한 명이었던 앤디는 문득, '국내에서도 이런 공연이 있었으면 좋겠다.'라는 생각을 갖게 됩니다.

이후, 서브컬쳐 및 일본 지하아이돌 팬, 일본 애니메이션 노래를 커버하는 커버가수(우타이테) 등 일본 문화를 좋아하는 사람 등과 여러 상의 끝에, 국내에서 지하아이돌 공연을 기획하게 됩니다.

그 결과, 국내에서도 지하아이돌 공연인 제1회 집호랑이 축제(이하 이타페스)를 개최하게 됩니다.

〈제1회 집호랑이 축제(이타페스) 포스터〉(출처: 앤디)

지상? 지하아이돌

당시, 우리나라에는 지하아이돌에 대한 개념이 없기 때문에 앞서 말씀드렸었던, 〈러브라이브〉나 일본 지하아이돌을 좋아하는 팬들 및 서브컬쳐 문화를 좋아하는 사람들, 일본에서 활동하고 있는 지하아이돌을 초대하여 공연을 열게 됩니다.

그 결과, 첫 공연에서 어느 정도 성과를 이뤄 낸 앤디를 포함한 스탭들(이하 기획자들)이 이에 가세해 곧장 이타페스 2회 기획에 뛰어들게 됩니다.

일본에서 큰 인기를 끌고 있던 사이바와 이타페스 1회 때 출전한 라쿠 및 일본 아이돌 팬카페에서 커버 공연을 주로 하는 흑월, 순수 한국인들로만 구성된 XcidenX, 홍콩 라이브아이돌인 아리엘프로젝트 등으로 구성으로 시작된 제2회 이타페스는 기존 1회보다 뛰어난 무대 완성도를 바탕으로 성장된 모습을 보여 주며, 더욱더 성공하게 됩니다.

이때, 기획자들은 이타페스에서 '순수 국내로만 이뤄진 지하아이돌 공연을 하면 어떨까?'라는 생각을 하게 되고

이후, 단발성으로 끝날 줄 알았던 이타페스에 기존과는 다른 특별한 방식을 추가하여, 더욱 활력을 불어넣고자 기획자들은 새로운 도전을 준비하게 됩니다.

바로, 국내에서 지하아이돌을 만들기로 한 것입니다.

♬ 순수 한국인들로만 구성된 지하아이돌 등장,
그리고 아이돌아레나

기존에 자리 잡고 있던 〈러브라이브〉 및 서브컬쳐, AKB48과 같은 일본 지하아이돌의 팬들 중 지하아이돌을 직접 하고 싶은 사람들, 무대에서 보고 싶어 하는 사람들의 의견을 종합하여, 다양한 컨셉을 바탕으로 한 지하아이돌이 만들어지기 시작합니다.

기존 이타페스처럼은 아니지만, 국내에서도 지하아이돌이 만들어지며, 많은 이들의 노력 끝에, 순수 한국 지하아이돌만으로 구성된 행사인 아이돌 아레나를 개최하게 됩니다.

(기존 이타페스는 지하아이돌뿐만 아니라 오도리테, 2D계 및 3D계, 서브컬쳐, 우타이테 등을 기반으로 열린 행사라면, 아이돌 아레나는 지하아이돌, 그것도 한국인들로만 만들어진 지하아이돌 중심으로 계획된 행사라고 보시면 돼요.)

여담으로 제1회 아이돌 아레나를 기점으로 현재까지도 활발한 활동을 하는 아이돌을 간단히 소개해 드리자면,

제1회 이타페스 출연자이자 국내 원조 지하아이돌로 활동하고 있는 라쿠와 제2회 이타페스에 출현하여 현재까지도 활동하고 있는 흑월(현재 이 두 분은, 라쿠와쿠라는 아이돌 팀에 소속 중입니다.), 지금은 일본의 인기 지하아이돌 그룹인 밈도쿄에서 활동하는 RARE STAGE에 소속

되어 있었던 SOLI, 지하아이돌의 어머니 같은 존재로, 지하아이돌을 대표하는 팀들 중 하나인 네키루에서 활동하는 소하 등이 있습니다.

♫ 그들의 새로운 도전, 그리고 세상을 향한 발걸음

이후 기획자들은 제1회 아이돌 아레나에서 국내 지하아이돌만의 무대를 보고 가능성이 크다고 판단, 본격 지하아이돌 양성을 시작합니다.

단순히 지하아이돌을 해 보고 싶은 마음, 무대에 올라가 보고 싶은 마음 등의 이유만으로 시작되고, 지하아이돌 문화가 국내에 도입된 지 얼마 안 되어 컨셉이나 배경은 일본 문화를 참고하여 만들어졌다는 점 등 여러모로 부족한 부분도 있었지만 무대에 대한 열정만은 가득했었기에, 개인 연습 및 레슨 등을 받으며 훗날 무대에 서서 공연을 하는 미래의 자신을 위해 각자 노력하기 시작합니다.

한편, 아이돌 아레나에 참여했던 아이돌 중 작사 및 작곡, 프로듀싱 등 음악적 재능이 있는 사람들을 바탕으로 국내 지하아이돌만의 앨범을 제작하게 됩니다.

기존에는 일본 아이돌 노래를 바탕으로 무대를 했다면, 다음 공연에는 순수 우리가 만든 노래를 추가하여 무대를 만들기로 말이죠.

그렇게 시작된 앨범 제작을 하던 도중, 지하아이돌 및 프로듀서들은 부대비용 및 여러 전반적인 문제에 문제에 직면하게 되었고, 이런 문제를 해결할 수 있는 해결책이 필요하다고 판단, 지하아이돌 및 프로듀싱에 참여한 사람들, 그리고 이타페스와 아이돌 아레나의 스탭들을 중심으로, 긴 회의 끝에 여러 전반적인 문제를 도맡아 해결해 줄 소속사를 만들게 됩니다.

이로써, 프로듀싱 비용뿐만 아니라 팬들과의 소통 문제 및 전반적인 문제를 소속사에서 도맡아 해결해 주게 되며, 국내 지하아이돌 노래를 담당하던 프로듀서들은 앨범 작업에 몰두할 수 있게 됩니다.

그 결과, 국내 지하아이돌 앨범인 네키루의 〈Hear My Voice〉와 〈Road Duet〉를 바탕으로, 국내 지하아이돌만의 노래가 세상에 등장하게 됩니다.

이후 기획자들은 홍대의 있는 라이브하우스 중 한 곳과 연간 계약을 하여 월 1회 지하아이돌 공연을 열게 되었고,

그리하여 홍대를 중심으로 본격적으로 지하아이돌 문화가 국내에 자리 잡게 됩니다.

여담으로 소속사가 등장할 당시에는 형식에 포커싱을 두고 만들었기 때문에 우리가 아는 일반적인 소속사의 개념이라기보단 형식적인 개념에 좀 더 가깝습니다.

지상? 지하아이돌

＊　＊　＊

　어떠신가요? 지하아이돌의 역사가 우리가 생각한 것보다 오래되었다는 점 신기하지 않나요? 역사도 알아봤겠다…. 이번엔 지하아이돌 특징에 대해 알아보러 갈까요?

　잘 따라오세요!

지하아이돌
특징

지하아이돌 하면 떠오르는 것! 의상, 컨셉, 노래 등⋯ 아주 다양한 것들이 있을 텐데요?

제가 생각하는 특징들을 말씀드리자면 자주 있는 공연, Meet&Greet 그리고 특전회, 관객이 같이 공연을 만들어 나갈 수 있는 응원법이 있는 참여형 플로어, 평소에는 볼 수 없는 세계관, 짧지만 굵은 러닝 타임 등이 있어요.

그럼 저와 같이 어떤 특징들이 있는지 함께 떠나 볼까요?

자주 있는 공연

저희 내일도 공연 있는 거 아시죠? 꼭 보러 와 주셔야 돼요!

♫ 내일도, 모레도, 그다음 날도 계속되는 무대의 향연

지하아이돌 특징 첫 번째, 자주 있는 공연에 대해 설명드리자면, 지하아이돌의 공연은 기존 K-POP 아이돌 공연 방식을 보완하는 위치에 있다고 말씀드릴 수가 있어요.

먼저, 우리가 기존에 알고 있는 아이돌들은 대형 콘서트나, 음악 방송을 위주로 공연을 하다 보니 자주 만날 수는 없어요.

그 외에도 앨범 작업에 있어 오랜 시간이 걸리기 때문에 공백 시기가 아주 길다는 점, 국내외 활동으로 인해 활동 기간이 짧다는 점을 보면 자주 만나기 어렵다는 생각이 자연스럽게 들 수밖에 없어요.

하지만 라이브를 중심으로 공연을 주로 하는 지하아이돌은 기존 아이돌이 가지고 있는 온라인 형식인 2차원 형식에 무게가 좀 더 실려 있던 것과는 반대로, 자주 있는 라이브를 바탕으로 기존 방식인 온라인보다는 오프라인 형식 즉, 3차원 형식을 바탕으로 팬들과 언제나 만날 수 있다는 특징을 가지고 있어요.

기존의 아이돌처럼 단순히 SNS나 플랫폼을 통해 아이돌의 일방적인 표현만을 받아들이는 것과 반대로, 자주 있는 공연을 통해 내가 좋아하는 아이돌을 자주 볼 수 있고, 더 나아가 특전회 같은 요소들로 하여금, 아이돌과 팬들 간의 유대감을 쌓을 수 있다는 점 등의 이유로, 자주 있는 공연이 대표적인 특징 중 하나라고 생각해요.

또한, 자주 있는 공연은 내가 좋아하는 아이돌이 하루하루 성장하는 모습을 직접 볼 수 있어요. 내가 좋아하는 아이돌의 실력이 나날이 늘어가는 모습을 보고 있으면 매 무대를 위해 꾸준히 노력을 하고 있다는 알 수 있고 그걸 보고 있으면, 팬으로서 좀 더 애정이 생기기 마련이니까요!

♬ 내일 목요일인데 공연한다고요? 당장 짐 싼다

자주 있는 공연의 또 다른 이유는, 팬분들의 시간적인 부담을 덜어 주기 위함이라 생각할 수가 있어요.

공연을 많이 함으로써 팬분들의 일정에 대해 여유를 제공해 준다고 생각할 수 있답니다.

쉽게 생각해 보자면, 주말에 업무를 보시는 팬들은 평일밖에 시간이 없을 거예요. 그래서 주말에 있는 공연은 업무를 조정해서 가거나, 아예 못 가는 경우도 생길 거예요. 하지만, 내가 좋아하는 팀이 평일에도 공연을 한다면, 무조건 보러 갈 수 있겠죠? 평일에도 공연이 있으니 팬들의 입장에서는 스케줄을 조정하거나 쉬는 날에 찾아갈 수 있으니까요.

바쁜 스케줄 때문에 주말에 공연을 가지 못하더라도, 평일에도 진행하는 공연 덕분에 부담 없이 공연에 갈 수 있으며, 또한, 내가 좋아하는 팀 뿐만아니라, 다른 팀 공연도 함께 보면서 다양한 아이돌을 볼 수 있답니다.

즉, 팬들은 평일에도 하는 공연 덕분에, 쉬는 날에 맞춰 좋아하는 팀 및 다양한 아이돌을 볼 수 있고 또한, 공연을 보는 일정 등에 있어 부담을 받지 않는 형식이라고 생각하시면 된답니다.

뿐만 아니라, 다양한 매체로 호기심이 생기는 분들을 위해 부담 없이 찾아올 수 있도록 하는 것 또한 하나의 이유라고 생각된답니다.

그러나 아직까지는, 지하아이돌 공연장이 한 지역에 집중되어 있다 보니, 거주하는 지역과 공연장과의 거리에 부담을 느끼시는 분들도 계시고, 또한 공연 시작 시간이 늦거나, 애매한 시간에 시작한다는 등의 이유로 부담이 느껴지실 수도 있지만, 훗날에는 지금보다 더 많은 지역에서도 무대를 펼칠 수 있게 지금보다 더욱더 인기가 많아질 것이라고 믿어 의심치 않습니다.

여러분의 동네에서 공연을 한다면 한번 찾아가 보기로 저와 약속해요~.

(곧 제가 사는 동네에서도 공연할 거 같으니 저는 미리 준비해 두려구요. ^^)

♫ 공연에 관한 정보는 어디서 얻을 수 있나요?

공연 관련 자세한 사항은 각 팀의 트위터 공식 계정을 참고해 주세요! 공연 위치 및 시간 안내 등이 자세하게 나와 있어요!

또한, 팀뿐만이 아니라, 아이돌 공식 계정에도 올라오니 내가 좋아하는 아이돌 및 팀 계정은 팔로우 필수!

그리고! 아지토라는 어플에도 지하아이돌 공연 정보가 날짜별로 올라오고 예매까지 가능하니 참고해서 계획을 짜도 된답니다! 가격이 부담스러운 분들이 가 보기 좋은 무료 입장 공연도 정리되어 있으니 꼭 한번 가 보세요!

Meet&Greet 그리고 특전회

자네 지금 어디 가나?
특전회까지 즐기고 가야 제대로 즐기고 간 거라네!

♫ 지하아이돌 특징 두 번째, 내가 좋아하는 아이돌과
소중한 추억을 남길 수 있는 특전회!

특전회란?

특전회란 공연 전, 후 존재하는 팬미팅(Meet&Greet) 이벤트 방식 중
의 하나랍니다.

사전에 판매하는 특전권을 구매하여 본인이 좋아하는 아이돌과 폴라
로이드 사진 촬영, 악수, 굿즈의 구입 등을 하는 하나의 이벤트예요.

공연이 끝나고 미련이 남는 것은 마련! '저 아이돌 너무 맘에 드는데
이야기를 나눌 순 없을까?'라는 고민을 해결해 주는 것이 특전회의 특징
이랍니다!

또한, 특전회는 지하아이돌 수입에 가장 큰 비중을 차지하고 있어요.

기존, 우리가 아는 아이돌처럼 CF나 TV 출연 등과 같은 대외 활동이 없고, 대부분의 시간을 지하아이돌 활동에 전념하기 때문에, 특전회 수입에 의존할 수밖에 없어요.

결국, 특전회는 지하아이돌을 계속하기 위해 꼭 필요한 요소 중 하나라고 생각됩니다.

하지만 꼭 지하아이돌에게만 특전회가 중요하지 않아요.

팬들에게 있어서 특전회는 좋아하는 아이돌과 소중한 추억을 남길 수 있는 좋은 요소이기 때문이에요.

즉, 특전회는 아이돌에게 있어 앞으로 좀 더 좋은 무대를 보여 줄 수 있고, 팬들은 평생 잊지 못할 추억을 얻어 갈 수 있으니까요!

특전회는 꼭 공연에만 준하는 행사는 아니에요. 우리가 흔히들 아는 전시회, 박람회 등과 같이 여러 다양한 행사에 준하는 표현이라고 생각하시면 된답니다.

특전회 중 대표적인 게 체키회!

저는 시그니처 포즈로 찍어 주세요

체키회는 체키권을 사서 아이돌과 사진을 찍고 대화도 할 수 있는 행사예요.

일반적으로 공연이 끝나면 약간의 정리(intermission) 뒤에 물판을 진행하게 되는데, 굿즈와 앨범 등과 같이 체키를 판매하고 있어요.

내가 좋아하는 팀의 체키권을 사서 좋아하는 아이돌에게 가서 오늘 무대 감상평도 이야기하고 같이 폴라로이드 사진도 찍고! 아이돌이 폴라로이드 사진도 이쁘게 꾸며 주니 평생 소장각!

그리고! 혹시나 여러분이 헷갈릴 수도 있어 좀 더 설명을 드리자면, '물판 = 체키회'라고 생각하시는 분들도 계신데 서로 비슷하게 보일 수 있지만 명백히 다르답니다.

물판은 물건을 판매하는 판, 즉 판매 전체를 아우르는 형식이고, 체키 는 물판 중 하나의 이벤트에 속해요.

혹여나 아이돌 몸이 안 좋거나 개인 사정에 의해 체키회를 못 한다고 해도 물판은 진행되니, 이 점 유의하시면 될 것 같아요!

※ 물판에는 체키권뿐만 아니라 굿즈, 티셔츠, 앨범 등을 판매합니다.

아 참! 그리고, 각 팀 부스마다 특전회에 처음 오시는 분들을 위해 이 벤트가 있는 부스도 있으니, 신규 방문 시 신규 특전도 받아 보는 거 잊 지 마세요~. (모든 부스에 신규 특전이 있는 것은 아니니 자세한 건 팀 공식 트위터를 참고해 주세요.)

처음 특전회를 가게 된 나, 그런데 '최후미?', '이 줄은 뭐지?', '저건 또 뭐야…'라며 헤매실 여러분께 알려 주는 소소한 팁!

특전권 및 굿즈를 구매하는 줄, 아이돌과 교류하는 줄이 달라요. 또한, 만나고 싶은 아이돌 줄과 다른 아이돌의 줄까지 말이에요. 이 차이를 만드는 것이 바로 최후미가 되겠습니다!

최후미란?

최후미란 내가 만나고 싶은 아이돌의 줄 맨끝을 의미하는 팻말이라고 생각하시면 돼요. 최후미 팻말에는 아이돌 사진이나 그룹 사진이 들어가 있어 찾기 쉬울 거예요.

최후미 팻말은 혹여나 줄이 중간에 엉켜도 내 앞사람만 기억하면 줄을 찾을 수 있으니 정말 중요한 아이템이에요.

저의 경험을 토대로 약간의 팁을 드리자면, 먼저 주변을 둘러본 후 내가 만나고 싶은 팀의 최후미를 들고 있는 사람을 찾아가서 내가 찾는 팀이 맞는지 물어본 뒤, 맞다고 하면 팻말을 이어 받아 들고 있으면 끝!

또한 최후미 팻말에는 내가 좋아하는 아이돌과 아이돌이 소속되어 있는 팀 및 소속사에 대한 규칙도 적혀 있으니, 내가 만나고 싶은 아이돌을 기다리면서 보다 보면 벌써 내 차례가 온답니다!

또한, 아이돌이 너무 이쁘고 사랑스러워서 간이고 쓸개고 다 빼 주고

지상? 지하아이돌

싶은 마음 저도 압니다만! 팀마다 기준은 다르지만, 보통의 경우는 금품 및 음식, 애완동물(파충류 포함), 현금 등은 받지 않는 룰이 있어요.

하지만, 손 편지나 꽃다발 등은 가능하니 내 마음을 편지에 담아 아이돌에게 전해 볼까요~?

※ 개인정보를 물어보거나 과도한 스킨십 및 아이돌이 부담되는 언행과 행동은 엄격히 금지되어 있습니다.

응원법이 있는 참여형 플로어

여러분! 준비되셨죠? 빰빠라빰빰 자~ 이쿠죠!

♬ 지하아이돌 특징 세 번째, 참여형 플로어!

먼저 플로어는 사전적 의미로 클럽이나 무도장 따위에서 쇼를 하거나 손님이 춤을 출 수 있도록 만들어 놓은 마루라는 뜻이에요.

그럼 참여형 플로어는? 공연 중 팬들이 만드는 공간에 아이돌이 공연 중간에 잠깐 내려와 분위기를 더욱 뜨겁게 띄우거나, 팬들이 각 팀의 응원법으로 플로어 안에서 함께 뛰어노는 방식을 뜻해요.

플로어는 공연 도중 팬들에 의해서 만들어지며 중간중간, 크기나 위치가 바뀔 때가 있어요.

보통, 킹블레이드나 팀 이름이 써져 있는 티셔츠를 입고 있는분들이 중심이 되어 만들어지기 때문에 이런 분들이 많은 곳을 본다면 그곳이 플로어라고 생각하시면 돼요.

플로어도 형성되었겠다, 본격적으로 응원을 해 보려고 했지만… 지하아이돌 전문(?) 응원법에 대해 잘 모르시는 여러분을 위해 응원법에 대해 간단히 소개를 드리드록 하겠습니다.

♫ 받아라, 영혼까지 갈아 넣은 우리들의 외침을!

지하아이돌 응원법은, 기존에 있는 응원법과는 차이가 있어요. 여러분들이 알고 있는 응원법은 보통 노래를 따라 부른다거나 박자에 맞춰 박수를 치는 행동 등이 있을 거예요. 하지만 지하아이돌 응원법은 우리가 기존에 아는 응원법과는 많이 다릅니다.

혹시 믹스, 투스텝, 리프트와 같은 단어를 들어 보셨나요? 이처럼, 지하아이돌 응원법은 기존에 있는 형식과는 전혀 다른 독자적인 형태를 띄고 있어요. '기존에 알고 있던 응원법이랑 똑같겠지.'라며 보러 갔다간, 처음 보는 응원법에 적잖게 당황할 수 있어요. (제가 처음 공연 보러 갔을 때 엄청 당황했거든요.)

그래서 지금부터는 무대를 같이 만들어 가는 요소 중 하나인 응원법에 대해 설명을 드릴까 해요. 자, 그럼 응원법에는 어떤 것들이 있는지 알아볼까요?

앞서 제가 말씀드렸던 응원법인 믹스, 콜, 투스텝 등이 있어요. 당연히 이 중에 가장 대표적인 응원법은 믹스라고 자신 있게 말씀드릴 수 있습니다!

♬ 타이가! 화이야! 사이바! 파이바! 다이바! 바이바! 쟈-쟈!
(여러 믹스 중 가장 기본적으로 사용되는 믹스인 스탠다드 믹스)

믹스란?

곡의 전주와 간주에서 정해진 구호를 외치면서 응원을 하는 방식이에요.

각 그룹이나 공연의 성격에 따라 차별화되어 있고 노래의 박자에 맞춰서 변형된 믹스도 있어요. 우리가 기존에 알고 있는 떼창과 비교를 조금 해 보자면, 떼창은 반주에 맞춰 노래를 따라 부른다고 한다면, 믹스는 아이돌이 간주 부분이나 춤만 추는 간주 부분을 채워 주는 지하아이돌만의 응원법이랍니다.

즉, 믹스는 아이돌과 팬들이 무대를 같이 즐기며, 그 무대를 더욱 뜨겁게 만드는 응원법이라고 생각하시면 됩니다!

그럼 믹스를 언제 외쳐야 할까요? 보통의 경우 무대 1열에서 보는 분들이나 플로어 중앙에 있는 분들이 신호를 미리 주는 경우도 있고 아이돌이 직접 신호를 줄 때도 있어요! 신호에 맞춰 준비했다가 신나게 믹스를 외치면 돼요!

또한, 각 노래마다 믹스 타이밍이 있으니 맘에 드는 노래의 믹스를 미리 예습하시고 와도 된답니다!

이리 밟고, 저리 밟고 신나게 밟아 보자

믹스와 함께 많이 하는 응원법이 바로 투스텝!

투스텝은 사실 응원법이라기보단 무대에 몸을 맡겨 스텝을 밟는 동작이라고 생각하시면 돼요. 편하게, 좌우로 한 스텝씩 밟아 한 사이클에 2번 밟는다라고 생각하시면 돼요.

투스텝은 타이밍이 정해져 있다기보다는 개인이 즉흥적으로 하기 때문에 누구나 하고 싶을 때 할 수 있는 응원법이에요. 누구나 신나는 무대를 보고 있으면 몸이 근질거리기 마련!

믹스를 외칠 타이밍이 오기에는 오래 걸릴 것 같고, 지금 당장 춤을 추고 싶은 생각이 강하게 든다면? 노래에 맞춰 스텝을 밟으며 흥에 취해 봅시다~.

하지만 투스텝을 하기 전에 꼭 주변을 둘러보고 준비를 하셔야됩니다. 주변 사람 발을 밟는 대참사가 생길지도 모르거든요.

(작가가 밟혀 봐서 쓰는 건 절대 아니랍니다. ^^)

또한 투스텝은 존재증명챌린지에 나오는 춤이기도 하니 SNS에 자기의 멋진 스텝을 찍어서 올려 보아요!

#존재증명챌린지

♫ 팬들의 선택을 받은 자, 아이돌의 선택도 받을지어다

마지막으로 리프트에 대해 알아볼까요?

리프트는 공연 도중에 플로어에 있는 사람들 중 한 명을 들어올리는 것을 뜻해요. 보통 믹스를 외치는 분들이나 본인이 좋아하는 아이돌이 나올 경우에 한하여 올라간답니다.

이것 또한 즉흥적으로 일어나기 때문에 형식에 얽매이지 않는다는 점이 있어요.

리프트를 탄 사람은 무대에 서 있는 아이돌과 눈높이가 맞춰지게 되며, 공연을 하고 있는 아이돌에게 레스를 받을 수 있어요.

레스에 대해 간단히 설명하자면, 공연을 하고 있는 아이돌이 자신을 봐 주거나 손을 뻗어 주는 행위입니다.

공연을 하고 있는 아이돌과 눈높이가 맞춰지게 되므로 자연스럽게 아이돌의 관심을 받게 되겠죠?

그럼 아이돌의 공연 도중 잠시나마 손도 잡아 보고 눈도 마주치게 되며 특별한 추억을 만들 수 있답니다.

꼭 리프트를 탄다고 해서 레스를 받는 것은 아니지만, 리프트를 타고 받는 레스를 받는다면 주인공이 된 듯한 느낌을 받을 수 있습니다!

'이런 것도 응원법이야?'라고 생각할 수도 있지만, 리프트 또한 지하아이돌 공연만의 특별한 방식이기 때문에, 이 또한 하나의 응원법이라고 생각할 수 있어요.

하.지.만! 리프트는 장비가 아닌 주변에 있는 팬들이 직접 올려 주는 형식이기 때문에, 큰 리스크가 동반할 수 있다는 점이 있어요. 잘못하다가 떨어지게 되면 큰 부상을 입게 되므로 주의하셔야 돼요.

리프트를 타는 팬도 조심해야 되겠지만, 리프트를 태워 주는 팬들도 어느 정도 동의를 구하고 태워야 됩니다. 가끔 보면 흥에 취해서 무작위로 리프트를 태워 올리시는 분들도 계시는데 절대 그러면 안 돼요!

이외에도, 팀의 율동을 따라 하는 후리코피, 줄을 기차 대형으로 선 다음 입구까지 왕복하는 기차놀이 등이 있답니다.

아, 참! 그리고, 모든 팬들이 이러한 응원법을 하는 건 아니에요.
가만히 서서 아이돌의 무대만을 본다거나, 사전에 양해를 구한 뒤 본인이 좋아하는 아이돌 영상을 찍는 팬도 있습니다.

사실 어느 방식으로 응원을 해도 상관은 없어요. 우리들의 응원이 아이돌의 무대에 큰 힘이 될 거예요. 앞으로 더욱 빛날 아이돌을 위해 각자의 표현 방식으로 응원을 하시면 된답니다.

평소에는 볼 수 없는 세계관

저는 꿈에서 아이돌을 하라는 계시를 받았습니다

♫ **지하아이돌 특징 네 번째, 바로 차별화된 세계관!**

－ 퍼포먼스를 보아하니…… 저건 무슨 계열이지?

　감이 안 오는데?

　지하아이돌은 사물뿐만이 아닌, 스포츠, 요리처럼 다양한 계열로 팀의 컨셉을 만든다고 해요.

　혹시 여러분 왕도계라는 용어를 아시나요? 왕도계를 간단히 설명드리자면, 누가 봐도 아이돌이라고 인식할 수 있는 쉽고 명확한 컨셉을 가진 것이 바로 왕도계예요. 이외에도 지하아이돌 계열에는 왕도계뿐만이 아닌, 요리계나 스포츠계, 2D계 등 다양한 세계관이 있어요.

　이처럼 기존에 있는 일반적인 세계관과는 다른 독립적인 형태를 가지고 있으며, 하나의 컨셉을 주장한다기보단, 팀에 잘 맞는 계열을 선택하여 그 계열을 바탕으로 세계관이 정립된다고 보시면 돼요.[예시- 요리계(파스타계, 초밥계), 스포츠계(농구계, 미식축구계)]

팀의 세계관이 정해졌다면? 아이돌의 예명도 정해야겠죠?

♫ 저는 무지개에서 없어서는 안 될 테두리를 맡고 있습니다

국내에 있는 지하아이돌은 대부분 색을 빗대어 짓는 경우가 많아요. 예를 들자면 무지개에 있는 색들인 빨강이나 파랑, 노랑 등이 있어요. 이런 식으로 본인이 맞는 색을 지정한 뒤, 자기가 생각하는 예명을 함께 이야기해요.

예를 들자면, "저는 팀 내에서 파랑을 담당하고 있는 ○○입니다! ○○팡이라고 불러 주세요."라는 식으로요.

또한, 색이 아닌 자기 컨셉을 빗대어 만드는 경우도 있어요. "저는 팀 내에서 중독을 맡고 있는 ○○입니다." 이런 식으로요. 사실, 팀 세계관을 굳이 따를 필요는 없어요. 팀과 무관한 컨셉으로 예명을 설정해도 되는데, 이왕이면! 팀 세계관을 기준으로 컨셉을 만들면 팬들이 좀 더 기억하기 쉽겠죠?

최근 들어 다양하고 개성 있는 세계관을 가진 팀이 많이 나오고 있답니다.

이 중에 여러분과 잘 맞는 팀이 나온다면 꼭 한 번 찾아가 봐요!

짧지만 굵은, 러닝타임

슬슬 지칠 때도 된 거 같은데… 네? 바로 다음 곡 한다고요?

♬ 지하아이돌 특징 다섯 번째, 짧지만 굵은, 러닝타임!

보통 한 공연의 총 시간은 '아이돌 무대 2시간+특전회 1시간' 정도로 이루어져 있어요. 이 중 아이돌 무대 2시간은 한 팀이 아닌 여러 팀이 정해진 시간 내에 공연을 한답니다.

국내 지하아이돌들은 단독 라이브를 하기엔 인기나 오리지널 곡의 수가 적거나 없는 경우가 많고, 또한 금적적인 여유가 많지 않기 때문에 많은 아이돌 팀이 출연하여 공연을 하고 있어요. 이렇게 여러 팀이 출연하여 공연을 하는 방식을 타이방이라고 해요.

보통, 각 팀당 20분 내외로 공연하며 그 팀이 끝나자마자 바로 다음 팀이 올라와서 공연을 진행하게 돼요.

2시간 내에 모든 팀이 공연을 해야 되다 보니 팬들은 쉬는 시간 없이 연속해서 공연을 볼 수밖에 없어요.

결국, 팬들의 입장에서는 계속되는 공연을 보고 있다 보니 피로가 쌓여 지칠 수밖에 없답니다.

그럼에도 불구하고, 타이방 공연을 하는 이유는 인기 및 대관 비용, 관객들의 열정을 유지시키기 위한 방법이라고 생각해요.

♫ 아직은 녁녁치 않은 아이돌 주머니

(대관 비용에 대한 생각은 오로지 작가만의 생각입니다. 사실과 많이 다를 수 있으니 이 점 유의해 주세요.)

대관 시간을 들여다보면 두 가지의 형태로 나뉘는데요. 시간을 기점으로 대관을 하는 경우와 특정한 날짜를 기점으로 하여 통으로 빌리는 대관 방식이 있어요.

먼저 시간을 기점으로 대관하는 경우는 날짜를 통으로 빌리는 대관료보다는 저렴해요. 대신 주어진 시간 내에 공연 및 특전회도 모두 끝내야 하는 단점이 존재합니다.

또한 음향이나 무대에 조금이라도 문제가 생겨 시간이 지체되면, 공연이 지연되어 큰 타격을 입게 돼요. 반대로 하루를 통으로 대관하는 방식은 시간으로 대관하는 방식보다는 시간적으로 여유가 있지만, 비용

지상? 지하아이돌

이 만만치가 않아요.

이렇듯, 어느 형식으로 대관을 한다 해도 각각의 단점인 시간적인 여유나 비용이 만만치 않는다는 점 때문에 여러 팀을 섭외하여 비용을 최소화시킬 수밖에 없어요.

즉, 각각의 팀들의 부담을 줄이긴 위해선 타이방 형식을 채택하여 공연장 대여 비용에 있어 팀들의 비용을 최소화시켜, 부담을 서로 나눠 가지는 방식이라고 생각하시면 된답니다.

대관 비용에 있어서 소속사가 있는 경우는 소속사에서 부담을 해 주겠지만, 소속사가 없는 팀이라면 아이돌이 직접 비용을 지불해야 돼요. 이외에도 연습실 비용 및 레슨 비용, 의상 대여료, 기타 부대 비용 등은 아이돌이 직접 부담을 하는 경우가 많다 보니 더더욱 대관 비용이 부담이 될 수밖에 없어요.

또한, 아이돌을 부업으로 하시는 분들도 계시고 공연장과 집과의 거리가 만만치 않으신 분들도 계시고요. 이렇게 종합적인 이유를 보면, 타이방 형식과 20분 남짓한 짧은 러닝 타임을 선택하지 않았나 싶어요.

♬ 벌써 숨차요? 아직 반도 안 했는데?

이번엔 관객들의 열정을 유지시키기 위한 방법에 대해 설명을 해 드리자면, 지하아이돌 공연은 앞서 설명했듯이 아이돌뿐만이 아닌 팬들과 같이 만들어 가는 무대이다 보니, 아이돌도 신나고 팬들도 신날 거 아니에요? 아니라고요? 맞잖아요~.

이렇게 한 번 불이 붙은 팬들의 열기에 공백이 생겨 버리게 되면 금방 지치게 되기 마련!

예를 들자면, 삼겹살집에서 고기를 구워 먹다가 중간에 끊기면 물려서 못 먹잖아요? 그런 느낌입니다!

혹시, 앞서 말씀드린 여러 팀이 나오는 공연 방식을 타이방 형식이라고 했던 거 기억하시나요?

저는 이에 더해 이렇게 쉬지 않고 연속해서 공연을 하는 방식을 바톤 터치(baton pass) 형식이라고 부르고 있어요.

바톤 터치(baton pass) 형식의 특징은, 쉬는 시간 없이 연속해서 공연이 이어진다는 점을 보아, 어떤 팀이 나온다고 할지라도 이미 달궈 놓은 플로어 덕분에 그 팀의 공연 방식에 금방 적응할 수 있어요.

각 팀마다 컨셉들이 다르다 보니, 장르나 컨셉이 계속 바뀌는 무대에 적응이 되지 않을 수가 있어요. 하지만 기존에 만들어 둔 무대를 쉬지 않고 그대로 이어 간다면 어느 장르가 나온다고 해도 쉽게 적응할 수 있답니다.

즉, 미리 만들어 놓은 열기를 유지한다면 그 어느 다음 팀이 나온다고 해도 그 열기를 이어 받아 신나는 무대를 이어 갈 수 있다고 보시면 돼요.

지상? 지하아이돌

사실, 어느 팀이 올라온다 한들, 재밌고 신나게 놀면 그만 아니겠어요~?

※ 중간에 너무 지쳐 쓰러질 것 같으면 잠시 밖에서 쉬다 오셔도 됩니다.
　너무 무리하다 보면 몸살이 오기 십상이랍니다. ^^

플랫폼을 통한 의사소통

내가 좋아하는 아이돌이 내 글에 댓글을 남겨 주다니, 그저 GOAT

♫ 지하아이돌 특징 여섯 번째, 의사소통!

– 그들의 일상을 낱낱이 보여 준다, 어디서? 트위터에서

지하아이돌을 좋아하는 팬들은 공연 외에 일상적인 모습도 많이 궁금해해요.

그럼, 일상적인 모습을 어디서 볼 수 있을까요? 바로바로! 트위터되시겠습니다!

여러 플랫폼 중 트위터를 고른 이유를 설명하자면, 2000년대 후반 일본의 지하아이돌이 트위터를 통해 홍보를 했다는 점과, 트위터 특성상 팬과의 교류가 활발히 될 수 있다는 점을 보아, 국내에서도 트위터가 채택되었다는 점을 볼 수 있어요.

또한, 트위터의 특징인 리트윗이라는 옵션과, 해시태그를 이용한 홍

보 효과가 뛰어나다는 점도 트위터를 고른 이유가 되지 않을까 생각됩니다.

지하아이돌 및 지하아이돌을 좋아하는 팬이라면 트위터 가입은 필수랍니다.

실제로 한국에서 현재 활동하는 거의 모든 지하아이돌은, 활발하게 트위터에서 활동하고 있으며, 공식 계정과 더불어 팬들과 소통하기 위해 계정이 여러 개 있는 아이돌도 있답니다.

트위터에서는 아이돌의 무대 준비 및 다양한 일상 사진들을 볼 수 있으며, 가장 중요한! 행사 일정 및 공지가 올라온답니다.

또한 팬들은, 공연 때 찍어 둔 무대 영상이나 사진, 체키회에서 찍은 폴라로이드를 게시하며 아이돌과 소통을 할 수가 있어요.

잘 나온 사진과 오늘 공연을 본 소감을 이쁘게 적어 게시한다면? 좋아하는 아이돌이 좋아요도 눌러 주고, 댓글도 써 줄 수도?

또한 팬들끼리도 해시태그를 통해 좋아하는 아이돌의 정보를 공유할 수 있으며 내가 보는 아이돌의 모습뿐만 아니라 다른 팬들의 시선에 따라 다양한 모습을 들을 수 있으니 좋아하는 아이돌에 대해 좀 더 알아가기 쉽답니다.

한국어보단 일본어
가사가 심금을 울리는구만!(일본어사전을 피며)

♫ 지하아이돌 특징 일곱 번째, 한국어보단··· 일본어?!

– 일본어를 못 한다구요?

　그럼 저기 보이는 킥보드 타고 따라오세요

　지하아이돌 노래나 무대를 보다 보면 단연코 이런 생각이 들 겁니다. '춤도 좋고 노래도 좋은데··· 가사가 일본어라 알아들을 수가 없어···.' 네, 맞습니다. 이번 주제는 바로 일본어를 바탕으로 만들어졌다는 특징입니다.

　사실, 아무래도 문화가 일본에서 건너왔기 때문에 일본어를 못 하면 따라가기 힘든 문화예요.

　최근에는 한국어를 사용하여 소개하는 팀이 많지만, 일본어를 섞어서 소개하는 팀도 적지 않게 있어요.

이 역시 일본에서 문화를 받았다는 점과 국내에 문화가 자리 잡고 있는 과정이라고 생각돼요.

국내 지하아이돌 역사 부분에서 말씀드렸듯, 초기에 등장할 당시 서브컬쳐와 애니메이션 및 일본 지하아이돌을 기반으로 만들어졌기 때문에 일본 문화가 주를 이룬다고 볼 수 있어요.

일본에서는 지하아이돌 문화가 크게 형성되어 있다는 점을 고려해 일본 아이돌의 무대 영상이나 노래들을 참고하여 만들어지다 보니 아무래도 일본어의 비중이 큰 편이에요.

또한, 일본에는 지하아이돌만을 위한 소속사라던가, 전문 프로듀싱도 있으며 지하아이돌이 광고나 미디어 매체에도 출연하고 있어요.

국내 지하아이돌인 네키루, 프록시마 클럽, 와가온, 덴파마루 등을 봤을 때는 국내를 기반으로 각 팀의 오리지널 노래나 안무를 만들어 국내만의 지하아이돌을 형성하고 있지만 아직까지는 일본 팀의 노래나 안무를 그대로 가져와 공연을 하는 팀들이 대다수이기 때문에 아직까지는 국내만의 지하아이돌 문화가 만들어지고 있는 과정이라고 생각해요.

그러나, 순수 한국어 가사를 쓴다는 점과 팀 내 스스로 안무를 만드는 것을 본다면 국내만의 지하아이돌 문화가 지금보다 더욱더 발전 가능성이 무궁무진하다고 생각됩니다.

일본어를 모르신다 해도 공연을 보는 데에 있어 큰 지장은 따르지는 않지만, 문화를 이해하는 과정에 있어서 일본어를 아는 데에 있어 어느 정도 영향이 있다고 생각됩니다.

(제가 일본어를 못 해서 쓴 거 절대 아닙니다.)

저는 아직까지는 국내 지하아이돌이 잘 다듬어지지 않은 원석이라고 생각해요. 명확하고 뚜렷하지는 않지만, 앞으로 아이돌과 팬들의 무대로 빛나는 보석이 될 수 있을 거라 믿어 의심치 않아요.

우리만의 지하아이돌 문화를 만들어 세계로 쭉쭉 뻗어 나가 봐요!

여담이지만 일본 지하아이돌 공연도 봤는데, 국내 지하아이돌 공연이 더 재밌었더라고요!

* * *

어떠세요? 이렇게 대표적인 특징을 몇 가지 알려드렸습니다.

이외에도 생일을 맞이한 아이돌을 중심이 되어, 공연을 하는 생탄일이나 디디, 샤메, 후리코피, 오시 등과 같은 지하아이돌계 전문 용어 등이 있답니다.

한 번에 여러 가지를 알려 드리면 여러분들이 머리도 아프고, 접근하는 데 있어 어려움이 있을까 봐 여기까지 적어 봤어요! (사실 작가가 저거밖에 모른데요.)

지상? 지하아이돌

국내 지하아이돌 소개

역사도 알았고 특징도 알았겠다!

이번엔 국내 지하아이돌들을 알아볼까요?

먼저, 현재 운영하고 있는 지하아이돌 소속사를 살펴보자면, To Herlitage, D-CORDS, IMU, EDEN 등이 있으며, 무소속으로 활동하는 팀도 있답니다.

이 중, 작가가 직접 만나 본 팀을 위주로 소개해 드릴까 해요.

(본 지하아이돌 팀 및 아이돌 소개는 공개되어 있는 유튜브 및, 개인 블로그와 트위터 등을 참고, 종합하여 만들었습니다. 현재 사실과 다를 수 있으니 이 점 유의 바랍니다.)

가장 먼저, 지하아이돌 하면 빠질 수 없는 팀!

네키루에 대해 소개해 드리려고 해요.

지상? 지하아이돌

✧ ✦ 네키루

공식 트위터 계정: @NEKIRU_Official

ねえ, 聴いてる?(네에, 키이테루?)-(저기, 듣고 있어?)

네키루는 2019년 04월 27일 결성되어 현재까지 활동하고 있는 팀이에요.

현재는 소하, 제로, 나노 3인으로 활동하고 있답니다.

또한, To Hermitage라는 소속사에 소속되어 있어요.

그럼 네키루의 특징에 대해 알아볼까요?

네키루는 들려 드린다는 의미로 지어졌다고 해요. 네키루 본연의 목소리가 팬들에게 들렸으면 하는 마음으로요.

즉, 네키루의 모든 것을 담아 팬들에게 보여 준다는 의미예요.

마치 오늘이 마지막 공연이라는 듯이 매 공연마다, 모든 것을 쏟아내는 듯이 공연을 하는 게 큰 특징이랍니다.

다음으로, 네키루의 오리지널 곡을 살펴볼까요?

⟨Hear My Voice⟩(2020. 11. 13. 발매)

⟨Road Duet⟩(2020. 11. 13. 발매)

⟨Dive to engine⟩(2021. 08. 04. 발매)

⟨Starry Night⟩(2021. 08. 04. 발매)

⟨Mahaken Da Pepeldomoon⟩(2022. 06. 07. 발매)

⟨From. PLUTO⟩(2022. 06. 07. 발매)

⟨Far away⟩(2022. 12. 05. 발매)

⟨Midnight Radio⟩(2022. 12. 05. 발매)

⟨Eternal youth⟩(2022. 12. 05. 발매)

⟨Stardust Parade⟩(2022. 12. 05. 발매)

이외에도 기존 곡을 리마스터해서 한층 더 풍부한 사운드로 프로듀싱한 곡들도 있답니다.

♫ 네키루의 대표곡들

〈Hear My Voice〉

〈Hear My Voice〉는, 이때 당시 활동하던 네키루 멤버들이 작사 및 작곡에 참여한 노래로, 네키루의 공연에서 빠지지 않는 곡이에요. 네키루를 좋아하는 분들이라면 모를 수가 없는 노래이기도 해요.

신디와 기타 루프를 시작으로 신나는 디스코 느낌을 보여 주며, 화려한 임팩트가 담겨 있는 첫 번째 오리지널 곡이랍니다.

또한 시작부터 너는 나의 목소리를 들을 수 있다라는 말을 영어로 번역한 "can you Hear My Voice."를 반복하여 팬들에게 시공간을 초월하여 너에게 내 목소리를 들려 주겠다는 강한 다짐을 가지고 있는 느낌이 들게 하는 것이 인상적이에요. 네키루 본연의 의미를 넘어 너에게 내 목소리가 닿을 수 있도록 노력해 볼게라는 의미를 가지고 있답니다.

〈Road Duet〉

〈Road Duet〉는, 웅장한 드럼과 기타로 시작하고, 또한 드럼 연주가 화려하며, 중간에 엄청난 기타 솔로가 나오는 노래예요. 중간중간에 신디를 추가하여 노래에 산뜻함을 더해 주기도 한답니다.

가사를 살펴보자면 '우리는 작고 좁은 길을 걸어가지만, 매일 걸어간 이 길을 걸어감으로 인해 지금의 우리가 될 수 있었다.'라는 느낌을 주어요. 또한 마지막 가사에는 여러분들을 위해 우리는 노래를 부른다는 표현을 사용하여 여러분 곁에 언제나 우리가 함께 있음을 알려 주고 있답니다.

작가 1st pick - 〈From. PLUTO〉

안 본 사람은 있어도. 한 번만 본 사람은 없다! 지하아이돌 팀의 일등 공신인 네키루의 멤버에 대해 알아볼까요?

그 누구도 따라오질 못할 압도적인 실력을 가지고 있으며, 한 번 빠지면 영원히 헤어 나오지 못하는, 소하님입니다!

〜〜〜〜〜●　　　**소하**　　　●〜〜〜〜〜

12월 28일생

· 담당 색: 하늘

· 데뷔일: 2019년 04월 27일

· 팀: 네키루

· 소속사: To Herlitage

· 팬덤명(해시태그): 소하써클

· 공식 트위터 계정: @Nekiru_SOHA

특징
....

· 오랜 시간 활동한 경력을 바탕으로 무대를 이끌어 감.

· 팬들이 걱정할 만큼 목이 쉴 정도로, 최선을 다하는 모습.

· 노래 및 안무도 완벽, 무대 진행도 완벽.

· 학창 시절 때부터 일본 아이돌을 좋아하고 있었다고 함.

· 아노가 속해 있었던 유루메루모를 시작하여 사이바를 좋아했다고 함.

· 현재는 The Orchestra tokyo팀의 mei님과 AQBI 소속사에 소속된 팀을 좋아함.

· 무대에 올라서 공연을 하는 것 자체에 중독성을 크게 느낌.

· 지하아이돌 활동 초기에는 생각하는 아이돌의 모습이 생각하는 것과 달랐기 때문에 괴리감도 생겨, 본인을 속이고 아이돌을 연기하는 느낌이 들었음. 현재에는 팬과의 무대를 만드는 것에 큰 보람을 느낀다고 함.

· 중간에 솔로 활동 및 네키루 노래에 작사 참여.

· 한 번 본 팬들을 쉽게 잊지 않으며, 항상 걱정해 주는 모습이 정말 대단함.

● 작가의 한마디

소하의 공연을 본다면 낭만이 뭔지 알 것이다.

또한, 팬들을 항상 기억하려고 노력하는 모습을 보면 안 빠질 수가 없다고 봄.

지상? 지하아이돌

귀여운 목소리와 외모로, 팬들을 휘어잡는다! 귀여운 외모에 한 번 치이고 깜찍한 애교에 두 번 치이는 나노님입니다!

나노

04월 21일생

· 담당 색: 하양

· 데뷔일: 2023년 07월 30일

· 팀: 네키루

· 소속사: To Herlitage

· 팬덤명(해시태그): 나노로딩

· 공식 트위터 계정: @Nekiru_NANO

특징

· 귀여운 목소리로 팬들의 마음을 녹여냄.

· 깜찍한 외모로 보고만 있어도 마음이 편안해짐.

· 무슨 옷을 입어도, 무슨 행동을 해도 그냥 다 귀여움 치사량.

· 미소를 머금은 눈웃음이 매력적이며, 매 무대마다 외모 갱신 중.

· ぜんぶ君のせいだ(젠부 키미노세이다) 전 멤버, mashiro의 팬.

· 멤버들 중에서 지하아이돌 문화를 가장 늦게 알게 됨.

· 일본 메이저 아이돌을 좋아함. 애니메이션도 좋아함.

· 네키루에 들어올 당시, 지하아이돌 공연을 한 번도 보지 못함.

· 네키루를 하기 전부터 무대에서 춤 공연을 하였다고 함.

● 작가의 한마디

네키루도 좋아하고, 귀여운 것도 좋아한다면?

지금 당장 나노에게 달려가 보자. 안 가면 평생 후회한다….

지상? 지하아이돌

폭발적인 가창력으로 무대를 압도하며, 더불어 상큼한 외모에 안 빠지고는 못 배길 제로님입니다!

제로

10월 13일생

· 담당 색: 초록
· 데뷔일: 2021년 07월 30일
· 팀: 네키루
· 소속사: To Herlitage
· 팬덤명(해시태그): 제로는 외계인
· 공식 트위터 계정: @Nekiru_ZERO

특징

· 시원한 고음으로 팬들의 스트레스를 대신 날려 줌.
· 더불어 넘치는 카리스마를 보유 중이며, 그 카리스마로 무대를 휘어잡음.
· 언제 어디서든 씩씩한 모습이 매력적.
· MAD MEDICINE팀의 멤버인 Natsuki jam을 좋아함.
· 서브컬쳐 문화를 좋아하는 편.
· 기존에 네키루 무대도 보고 다른 아이돌의 무대도 관람 후 합류.

· 춤추는 걸 좋아해서 연습이나 무대에서도 힘들지는 않는 편.

· 가장 좋아하는 애니메이션 : 〈죠죠의 기묘한 모험〉.

· 제로가 생각하는 지하아이돌이란?: 팬들과 같이 호흡, 더 나아가 무대를 같이 만들어 가는 것. 무대를 만들어 가는 과정에 있어 모든 것을 함께 쏟아낼 수 있는 믿음.

● 작가의 한마디

매 무대마다 지치지 않는 모습을 보여 주며, 항상 씩씩한 제로를 본다면 어느새 무엇이든 할 수 있는 용기가 생길 겁니다.

지상? 지하아이돌

프록시마 클럽

공식 트위터 계정 : @ProximaClub

미확인 물질 X와의 결합으로 제조된 미스터리한 존재들. 보다 진화하기 위해서는 지구인들의 마음 에너지를 얻어야 한다!

프록시마 클럽은 2021년 08월 07일에 결성되어 현재까지 활동하고 있는 팀이에요.

현재는 나비, 미래, 미호, 초아 4인으로 활동한답니다.

또한, 소속사 없이 단독으로 운영하는 팀이에요.

그럼 프록시마 클럽의 특징에 대해 알아볼까요?

"고대 절대원소를 본체로 미확인 물질 X와의 화학결합을 통해 제조된 존재들이다. 미확인 물질 X는 프록시마 행성에서만 확인 가능한 것으로 알려져 있으며, 아직 지구의 과학 기술로는 분석이 불가능하다."라는 설정을 가지고 있어요.

진화를 위해서는 지구인들의 마음을 얻어야 한다는 컨셉을 가지고 있는 팀이에요.

또한, 뛰어난 실력을 겸비한 팀으로, 무대를 보고 있으면 어느새 프록시마 클럽의 팬이 되어 있을지도 모른답니다.

매일 지구인들의 에너지 덕분에(?) 성장하는 프록시마 클럽을 위해 우리 모두 마음 에너지를 나눠 주도록 해 봐요!

다음으로, 프록시마 클럽의 오리지널 곡을 알아볼까요?

〈Stay Starshot〉(2021. 08. 31. 발매)

〈Last Game〉(2021. 08. 31. 발매)

〈낙원(落園)〉(2023. 04. 21. 발매)

〈Neko Diver〉(2023. 04. 21. 발매)

〈1%〉(2023. 11. 13. 발매)

신곡들도 많이 작업하고 있다고 하니 기대해 봐도 될 것 같아요!

　　　　　　　　　　　　　　　　지상? 지하아이돌

♫ 프록시마 클럽의 대표곡들

〈Stay Starshot〉

〈Stay Starshot〉은, 4명의 멤버가 각자 대화하듯 한 소절씩 부르며 시작하는 게 큰 특징이에요.

한 소절씩 주고받는 형식의 가사에, 그 뒤를 일렉기타가 배경을 깔아 주며, 베이스 드럼으로 한껏 분위기를 끌어올리는 형식의 〈Stay Starshot〉 또한, "넌 어디에~"라는 첫 소절이 끝나며 크게 터지는 EDM 사운드로 신나는 분위기를 만드는 노래입니다! 프록시마 클럽 하면 가장 먼저 생각나는 노래이기도 하고요!

또한 가사 중 "응답해 807 너는 어디에"를, "사랑해 사랑해 사랑한다고!"로 바꿔 팬들이 외치는 함성을 본다면, 안 빠지고는 못 배길 팁입니다!

〈낙원(落園)〉

시작부터 강렬한 메탈사운드로 시작되는 〈낙원(落園)〉!

인트로부터 심장을 직접 타격하는 듯한 사운드로 팬들을 긴장시키게 만들며, 노래가 끝난 후에도 웅장한 사운드 덕분에 여운이 남는 노래예요.

〈낙원(落園)〉이라는 뜻에 맞게 아래로 추락하는 듯한 느낌을 선사한답니다.

가사를 들여다보면 웅장한 사운드와는 다르게 서정적인 부분을 찾을 수 있는데요?

특히, '지구로 떨어지는 우리의 웅어리, 찬란한 비'라는 단어를 보면, 우리의 웅어리가 떨어져도, 찬란하게 빛날 우리는 언제나 아름답다라며, 언제나 빛나는 모습을 보여 주려는 모습이 돋보이는 노래예요.

작가 1st PICK - 〈1%〉 (베터리가 1%밖에 남지 않은 구식 로봇강아지 이야기)

긴 말이 필요 없을 정도로, 한 번 보면 매일 보고 싶은 프록시마 클럽의 멤버들을 살펴보시죠!

그 누구도 대적할 사람이 없을 정도로, 압도적인 비주얼을 가지고 있는, 최강 미소녀 나비님입니다!

나비

08월 29일생

· 담당 색: 하늘

· 제조번호: 829

· 제조 방법: 리본+물+하늘색+X

· 데뷔일: 2021년 08월 07일

· 팀: 프록시마 클럽

· 소속사: 없음

· 팬덤명(해시태그): 나비냥

· 공식 트위터 계정: @Nab2_proXclub

특징

· 안 본 사람은 있어도, 한 번만 본 사람은 없을 정도로, 쉽게 잊혀지지 않을 비주얼을 보유.

· 물회, 진라면(순한맛)을 굉장히 좋아함(특히 물회에 전복을 넣어서 먹는 걸 아주 좋아함).

· 팀 내에서 인정받은 랩퍼.

· 방과 집에 인형이 많음, 인형에 각각 애칭도 지어 주는 편.

· 비 오는 여름을 좋아함(이름에도 비가 들어갈 정도로 좋아함).

· 꽃과 앵무새를 많이 좋아함.

· 아이돌을 하고 싶은 꿈을 가지고 긴 고민 끝에 도전함.

· 프록시마 클럽 지원 당시 마지막 지원자로 마감 글을 보고 지원하여 합격.

· NY DAY 유닛 활동 중.

· 개인 싱글 앨범: 〈여우별〉.

· 팀 내 유닛 활동: 나비+미래= 나래, 나비+미호= FT묘비랜드.

● 작가의 한마디

나비가 내일 죽는다면 난 오늘 죽을래.

나비가 없는 세상에선 살고 싶지 않아.

지상? 지하아이돌

프록시마 클럽의 최단신을 담당하며, 더 나아가 매 무대에서 밝은 빛을 선사해 주는 눈부신 천사, 미래님입니다!

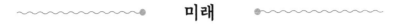

미래

01월 20일생

· 담당색: 보라

· 제조번호: 120

· 제조 방법: 고래+그림자+보라색+X

· 데뷔일: 2021년 08월 07일

· 팀: 프록시마 클럽

· 소속사: 없음

· 팬덤명(해시태그): 미래밍

· 공식 트위터 계정: @Mirae_proXclub

특징

· 여신 머리 헤어스타일 덕분에, 빛나는 외모를 항시 볼 수 있음.

· 본인이 가장 좋아하는 머리를 묶는 방법은 '높게 묶기'.

· 그림 실력이 뛰어남.

· 고래를 많이 좋아함.

· 옷은 크게 입는 편(ex: 박스티).

· 유노이아(유닛)의 멤버로도 활동 중.

· 스트레스를 받으면 잠을 많이 자는 편.

· 고양이 알레르기가 있음.

· 할 일이 생기면, 바로바로 실천하는 스타일.

· 아이돌을 보고 바로 하고 싶어서 누워 있다가 충동적으로 지원.

· 처음 무대를 해 봤을 당시 생각보다 너무 좋고 재밌어서 하게 됨.

· 팀 내 활동으로 미호와 유닛 결성: 미미즈.

● 작가의 한마디

미래를 보고 있으면 그 어떤 고민도, 걱정도 모두 다 해결될 정도로 눈부신 미모.
1일 1미래 추천.

지상? 지하아이돌

간이고 쓸개고 다 줄 준비가 되어 있다! 팀 내 최장신 담당이자 섹시 FOX! 미호
님입니다!

미호

12월 30일생

· 담당 색: 주황

· 제조번호: 1230

· 제조 방법: 여우+빛+주황색+X

· 데뷔일: 2023년 04월 29일

· 팀: 프록시마 클럽

· 소속사: 없음

· 팬덤명(해시태그): 미호삐

· 공식 트위터 계정: @Miho_proXclub

특징

· 눈과 큰 키가 매력 포인트.

· 멤버 내 최장신으로 훤칠한 키 덕분에 춤선이 가장 돋보임.

· 분장이 가장 자신 있고 가장 잘하는 분야.

· 분장 계열 업종에서 일하다가 무대에서 아이돌들이 공연하는 모습을 보고 아

이돌을 하기로 결심.

· 새벽 5~6시가 가장 좋아하는 시간대.

· **SEXY FOX.**

· 프록시마 클럽 노래 중 〈Last Game〉을 가장 좋아함.

· 프록시마 클럽에 합격하기 위해 면접 당시에도 춤을 췄음.

· 프록시마 클럽 틱톡 영상(나비 직캠)을 보고 지원.

· 학창 시절에 댄스 공연을 한 적이 있음.

· 취미: 무드등 하나 켜 놓고 노래 들으면서 멍 때리기(낭만 GOAT).

● **작가의 한마디**

간이고 쓸개고 다 빼 줄 자신 있다. 미호를 보고 안 홀린다면 그건 사람이 아니다.

하지만 대기자가 많으니 번호표를 뽑아야된다는 사실을 기억하자.

눈웃음을 보면 모든 내상이 치료가 된다는, 밝고 건강한 에너지를 선사해 주는 완두콩 담당, 초아님입니다!

초아

05월 09일생

· 담당 색: 연두

· 제조번호: 509

· 제조 방법: 완두콩+생명+연두색+X

· 데뷔일: 2024년 04월 20일

· 팀: 프록시마 클럽

· 소속사: 없음

· 팬덤명(해시태그): 초아콩

· 공식 트위터 계정: @choA_proXclub

특징

· 프록시마 클럽 내 미소 담당.

· 활기찬 성격으로 팬들에게도 밝은 기운을 선사해 줌.

· 일본어를 잘하고 음악을 오랜 기간 해 왔음.

· 눈웃음이 매력적임.

· 나비와 같은 ENFP.

· 완두콩이 시그니쳐.

· 신 멤버 체제 첫 공연에서 많이 두려움을 느꼈지만, 팬들의 함성과 용기가 큰 힘이 되었다고 함.

· 프록시마 클럽에 합류하게 되어 큰 기쁨과 감동을 얻었다고 함.

· 멤버에게도 큰 감사를 느끼며, 팬들에게도 큰 선물이 되고 싶어 함.

· 좋아하는 단어: "예쁘다(가장 많이 듣고 싶어하고, 가장 많이 듣는 말)."

· 좌우명: "지금의 내가 잘 살아야 미래의 내가 울지 않는다."

● 작가의 한마디

스트레스 및 피로가 쌓였다면 초아를 찾아가 보세요.

언제 그랬냐는 듯 사르르 녹을 겁니다.

와가온

공식 트위터 계정: @wagaon_official

세상 그 어떤 말로도 대체 불가능한, 마치 하늘에서 내려온 천사 같은 존재들.

와가온은 2022년 11월 12일 결성되어 현재까지 활동하고 있는 팀이에요.

현재는 츠바사, 란, 유즈 3인으로 활동하고 있답니다.

또한, 소속사 없이 단독으로 운영하는 팀이에요.

그럼 와가온의 특징에 대해 알아볼까요?

다른 팀과 달리, 멤버가 단 한 번도 바뀌지 않았다는 점이 큰 특징이에요.

어떻게 보면 짧은 시간은 아닌데 이토록 오랫동안 하면서 멤버가 바뛰지 않았다는 점을 보면 와가온을 위해 서로의 애정이 돋보이는 팀인 거 같아요.

또한 세 멤버의 능력이 6각형처럼 완벽해서인지 매 무대마다 부족하다는 느낌을 받지 않는 점 또한 특징이랍니다.

그럼 와가온의 오리지널 곡을 살펴볼까요?

〈히아신스〉(2023. 7. 22. 발매)

〈나침반〉(2023. 08. 16. 발매)

〈빈칸〉(2024. 02. 11. 발매)

2집이 곧 발매된다는 소식이 있어요! 많이 기대된답니다!

♫ 와가온의 대표곡들

〈나침반〉

〈나침반〉은, 장난기 가득한 웃음소리와 함께 발랄한 사운드로 시작하고, 뒤이어 신나는 사운드로 바뀌는 동시에 멤버들의 귀여운 춤사위가 돋보이는 노래예요.

또한, 기타 및 드럼 사운드로 만든 펑크락으로 쉼 없이 달리는 듯한 느낌을 받는 것이 특징입니다!

가사를 들여다보면, 내 맘은 흔들리는 나침반처럼 널 향하고 있다는 것을 표현하고 있으며, 중간에 들리는 후렴구를 듣고 있자면, 팬들에게 열린 결말을 생각하게 하는 것 또한 특징입니다!

〈히아신스〉

기타의 단음으로 시작하여 그 뒤에 일렉기타가 씌워지는 느낌으로 밴드풍의 느낌을 주는 것이 특징이며, 가사가 시작되는 부분엔 가사를 잘 전달이 되도록 베이스와 드럼만이 깔리며, 점점 추가되는 기타 세션으로 소녀 감성을 살린 느낌이 와닿는 노래입니다.

가사를 들여다보면, "이대로 길을 잃어도 괜찮아."라는 가사가 있는데, 아무리 길을 잃고 헤매도 너만 있으면 길을 찾을 수 있다는 점이 크게 와닿는답니다.

팬들이 있어, 그 어떤 길도 헤매지 않고 잘 찾아갈 수 있다는 느낌을 받게 하는 곡이에요!

작가 1st PICK - 〈히아신스〉

그럼, 은은한 미소로 팬들을 사로잡는 그녀들을 알아보러 바로 가 볼까요?

귀여운 외모와는 별개로 폭발적인 가창력을 소유하고 있으며, 또한 인형보다 더 인형 같은 존재, 유즈님입니다!

유즈

07월 21일생

· 담당 색: 분홍

· 데뷔일: 2022년 05월 29일

· 팀: 와가온

· 소속사: 없음

· 팬덤명(해시태그): 유즙니다

· 공식 트위터 계정: @yuzu1uu

특징

· 좋은 무대를 선사하기 위해 발성 연습을 항상 한다고 함.

· 초콜릿을 굉장히 좋아함.

· 토요일에 하는 라이브를 가장 좋아함(끝나고 뒤풀이를 할 수 있다는 점, 그다음 날도 휴무이기 때문).

· 바퀴벌레를 끔찍하게 싫어함.

· 발라드풍보다는 시원한 메탈이나 펑크 쪽을 선호하는 편.

지상? 지하아이돌

· 영화나 로맨스는 별로 좋아하지 않는 편.

· 실패를 두려워하지 않고, 미래에 본인이 잘할 수 있는 방향을 생각하고 앞으로 나아감.

· IF_XXX(유닛)으로 활동 중.

· 가장 좋아하는 책:『모모』(어린 시절부터 지금까지도 좋아하는 책).

· 좋아하는 날씨: 햇빛은 따뜻하고 바람은 선선하고 습도가 적당한 맑은 날씨.

· 가장 자신 있어 하는 요리: 카레(둘이 먹다 하나가 죽었다는 소문이…).

● 작가의 한마디

근처에 스피커가 있다면 조심하자.

유즈의 폭발적인 가창력에 스피커가 터질지도 모르니.

사람과 요정 사이에서 태어났다는 소문이 돌며, 꾸준히 목표를 세우고 그 목표를 향해 달려가는 모습이 멋진 란님입니다!

란

08월 16일생

· 담당 색: 하양

· 데뷔일: 2022년 06월 12일

· 팀: 와가온

· 소속사: 없음

· 팬덤명(해시태그): 이거봐란

· 공식 트위터 계정: @ranmung2

특징

· 요정 같은 비주얼로, 가끔 요정인지 사람인지 헷갈릴 정도.

· 단발머리가 잘 어울리는 외모.

· 어릴 적부터, 일본 노래를 좋아하고 현재에도 일본 노래를 자주 듣는다고 함.

· 우타이테 라온님의 팬.

· 감성적인 플리를 좋아함.

· 좋아하는 향은 비누향.

· 햇빛 알레르기가 있어 실외에 오래 있지 못함.

· 주마다 자기가 원하는 목표를 세워 이루려고 노력함.

· 짧지만, 하루하루 일기를 씀.

· 최근엔 "무릎엔 흉터가 있어도 마음엔 없기로 해."라는 문구를 좋아함.

· 와가온 멤버들을 너무나도 좋아함(물론 팬들도).

● 작가의 한마디

요정의 나라에 간다면 제일 먼저 란이 반겨 주러 나온다는 소문이 있다.

난 이 소문을 좋아한다.

5초 이상 눈을 마주하고 있으면 사랑에 빠진다! 모든 분야에서 흠잡을 게 없는 완벽한, 츠바사님입니다!

츠바사

09월 02생

· 담당 색: 하늘

· 데뷔일: 2022년 11월 12일

· 팀: 와가온

· 소속사: 없음

· 팬덤명(해시태그): 츠바사랑

· 공식 트위터 계정: @tsub2s2

특징

· 눈을 마주 보고 있으면 빨려 들어갈 듯한 느낌.

· 양갈래, 뿌까 머리를 자주하는데 귀여움.

· 우연히 아이돌을 하게 되었으며, 아이돌 활동을 하며, 자기를 찾아와 주는 팬들 덕분에 삶의 의미를 찾았다고 함.

· 앨범 HNB의 이름 제작.

· MPK46(유닛),NY DAY으로 활동 중.

· 미래에 행복한 가정을 꾸리는 게 꿈.

· 좋아하는 음식: 마라탕.

· 가장 좋아하는 계절: 겨울.

· 츠바사에게 팬이란?: 삶의 의미이자 원동력.

● 작가의 한마디

눈을 마주하고 있으면, 단둘이 바다 위에 떠 있는 듯한 느낌.

만나기 전에 튜브나 수영복은 필수.

베타

공식트위터 계정 @BEttER_ofcl

4인 4색 매력을 가지고 있으며 또한, 신나는 무대로 지친 일상을 재충전해 주는 그녀들.

베타는 2024년 03월 10일에 결성되어 현재까지 활동하고 있는 팀이에요.

현재는 소다, 마레, 키요, 이나 4인으로 활동하고 있답니다.

또한, D-CORDS라는 소속사에 소속되어 있어요.

그럼 베타의 특징에 대해 알아볼까요?

베타는 데뷔일이 얼마 되지 않았다는 점과 달리 뛰어난 춤선과 무대 실력을 바탕으로 에너지를 충전해 주는 팀이에요.

또한 멤버들끼리의 사이도 되게 좋아서, 공연 중간중간에 서로 장난치는 모습이라던가, 특전회에서 이야기를 하다 보면 서로에게 힘이 되어 주는 점이 특징이랍니다!

바쁜 일상에 지쳐 있어서 재충전의 시간이 필요하다면 잊지 말고 베타를 꼭 한 번 찾아가 보세요!

그럼, 베타의 오리지널 곡을 살펴볼까요?

〈WARRIORS〉(2024. 03. 10. 발매)

아직까지는 결성된 지 얼마 되지 않아 노래가 별로 없지만, 앞으로 더욱더 발전하여 많은 오리지널 곡을 낸다고 합니다!

♫ 베타의 대표곡

〈WARRIORS〉

빠른 템포로 시작되는 4/4박자의 기타 연주에, 분위기를 더욱 고조시키는 드럼이 인상적인 〈WARRIORS〉!

빠른 템포를 잘 잡아 주는 드럼이 인상적인 곡이며, 4/4박자의 기타 연주가 배경을 잘 잡아 주는 곡이에요.

가사를 들여다보면, "어떠한 어려움이 다가오거나, 혹여 어둠에 집어

삼켜진다 해도 너를 찾아낸다."는 가사가 인상 깊은 곡이에요.

너(팬)만 있다면 그 어떠한 상황에서도 너를 찾아 달려가려는 마음을 알 수 있으며, 후반부 이나의 "너의 곁에서 숨 쉴 수 있게."라는 고음이 인상 깊은 곡이랍니다.

〈Sprinter!!〉(cover)

(일본 노래라 해석에 어려움이 있어 무대를 중심으로 쓰도록 하겠습니다.)

베타의 무대에 빠지면 안 되는 곡 중 하나인 〈Sprinter!!〉.

일본 아이돌의 곡을 커버한 곡이지만, 베타만의 무대로 재해석한 곡이에요. 작가인 저도 베타의 스프린터 무대를 보고 매력에 푹! 빠졌답니다.

〈Sprinter!!〉는 베타뿐만 아니라 다른 아이돌 팀도 커버를 많이 하지만, 베타의 무대가 가장 기억에 남을 정도로 가장 잘 살리지 않았나 싶어요.

베타의 〈Sprinter!!〉를 본다면 어느새 여러분들도 베타의 새멤버가 된 듯 안무를 따라 하고 있을지도 모른답니다!

작가 1st PICK - 〈WARRIORS〉

그럼, 지친 일상을 밝은 애너지로 충전해 주는 베타의 멤버에 대해 알아볼까요?

지상? 지하아이돌

베타의 최장신을 담당하고 있으며 언제 어디서나 웃음을 잃지 않는 소녀, 키요 님입니다!

키요

11월 01일생

· 담당색 : 하양

· 데뷔일: 2024년 03월 10일

· 팀: 베타

· 소속사: C-CORDS

· 팬덤명(해시태그): 요키요

· 공식 트위터 계정: @tt_KIY0

특징

· 팬들이 인정한 작은 외모에 뚜렷한 이목구비가 큰 특징.

· 더욱더 완벽한 외모를 위해 교정 중.

· 대부분 가리는 음식은 없지만, 피망이나 파프리카를 싫어함.

· 기억력이 좋지 않아 모든 순간을 기억하려고 개인적으로 노력을 많이 하는 편.

· 7시간 원맨 공연을 하는 게 목표.

· 베타 멤버와 베타 팬분들을 통칭하여 제2의 가족이라고 부름.

· 별명: 개복치(예전부터 체력이 좋지 않음…).

· 좌우명: "쓰껄하게 살자."

· 키요에게 베타란?: 나의 바다.

● 작가의 한마디

대화를 해 본다면 이렇게 진국인 사람이 없다고 본다.

지금도 완벽한데 어디까지 완벽해질지 장담 못 합니다.

지상? 지하아이돌

귀여운 외모로 사람들을 매료시키며 고양이와 같이 앙큼한 매력을 가진 이나 님입니다!

이나

09월 06일생

· 담당색: 보라

· 데뷔일: 2023년 05월 06일

· 팀: 베타

· 소속사: C-CORDS

· 팬덤명(해시태그): 밥이나먹어

· 공식 트위터 계정: @tt_1na

특징

· 보고 있으면 고양이인지 사람인지 구별이 안 될 정도로 상큼함.

· 볼에 있는 점이 매력 포인트(작가 피셜).

· 가창력이 뛰어나며, 고음역대를 담당.

· 항상 마음먹은 일은 바로바로 하는 스타일.

· 생탄과 원맨을 하는 게 목표.

· 좋아하는 음식: 마라탕, 마제소바, 마라샹궈.

· 좌우명: "하고 싶은 거 다 하며 살자."

· 이나에게 베타란?: 자신의 모든 것을 보여 줄 수 있는, 항상 최선을 다할 수 있게 만들어 준 보금자리. 또한, 지금의 멤버들에게 항상 고마움을 느끼고 있으며, 앞으로도 함께했으면 하는 팀.

● 작가의 한마디

볼에 있는 점이 매력 포인트인 것 같다. 점 때문에 더 귀여워 보임.

지금보다 더 멋진 사람이 될 수 있는 가능성이 무궁무진함.

지상? 지하아이돌

동글동글한 외모로 보는 사람도 팬들을 사로잡으며 왠지 모르게 보고 있으면 만두가 생각나는 소다님입니다!

소다

03월 06일생

· 담당색 : 하늘
· 데뷔일: 2021년 06월 26일
· 팀: 베타
· 소속사: C-CORDS
· 팬덤명(해시태그): 메롱소다
· 공식 트위터 계정: @tt_5ODA

특징

· 동글동글한 외모 덕분에 동요 〈사과 같은 내 얼굴〉이 자꾸 떠오름. 또한 볼살 덕분에 만두도 생각나게 하는 외모.
· 긍정적인 성격 덕분에 주변에도 큰 힘이 되는 편.
· 원맨 공연을 하는 것이 목표(7시간은 무리).
· 노래를 지금보다 더 잘하고 싶어 노력을 많이 하는 중.
· 멤버뿐만이 아니라 팬들과도 100년 가약을 맺음.

· '그 여름날 우리는' 유닛 활동 중.

· 취미: 귀여운 것 쇼핑(멤버들에게도 선물을 자주 함).

· 좋아하는 음식: 매운 것이라면 뭐든 ok.

· 좌우명: "알아서 잘하자."

· 소다에게 베타란?: 무엇이든지 할 수 있게 힘이 되어 주는 희망. 멤버들에게
  항상 고마움을 느끼며 항상 함께해 주는 것에 큰 행복을 느낌.

● 작가의 한마디

만두? 사과? 다 필요 없습니다. 소다만 보고 있으면 그냥 배가 부를 겁니다.
또한, 긍정적인 에너지를 얻고 싶으면 소다에게 가 보자.

순정 만화에서만 볼 수 있을 것만 같은 미친 외모로 환상의 나라로 데려갈 것만 같은 마레님입니다!

마레

07월 18일생

· 담당색: 초록
· 데뷔일: 2024년 03월 10일
· 팀: 베타
· 소속사: C-CORDS
· 팬덤명(해시태그): 이마레츠고
· 공식 트위터 계정: @tt_MARLEY

특징

· 거리에서 마주친다면, 절대로 안 보고 지나칠 수 없는 외모.
· 투스탭을 굉장히 잘 추는 편.
· 좌우명은 아직까지는 없다고 함.
· 혼자서도 잘해 내는 편이며, 집에 있는 걸 좋아함.
· 고척돔에서 베타 원맨을 열어 보는 게 목표.
· 표현을 잘 못하지만, 베타 멤버와 팬들에게 항상 감사함을 느끼고 있음.

· 당근을 굉장히 싫어함.

· 취미: 드라마, 영화 보기(집에서).

· 좋아하는 음식: 카레, 초밥.

· 별명: 계란빵.

· 마레에게 베타란?: 자신을 한층 더 성장시키는 원동력이자 발판.

● 작가의 한마디

마레와 환상의 나라에 가는 꿈을 꾼다면, 당신은 선택받은 자입니다.

지금 당장 무엇을 해도 성공할 테니.

이외에도, 다양한 향기로 팬들을 화려하게 만들어 주는 '로즈트랩(공식 트위터 계정 @Rosetrap_)'과 무대를 한 폭의 스케치북에 담고 싶은 '세카코모(공식 트위터 계정 @sekakomo_)', 5명 전부 귀여움으로 똘똘 뭉친 '타키온Z(공식 트위터 계정 @TCNZ_OFCL)', 상큼한 목소리로 팬들의 마음을 녹여내는 'POCHIPURI(공식 트위터 계정 @PPPURI_Official)', 뛰어난 경력으로 무대를 만들어 가는 '라무네(공식 트위터 계정 @RAMUNE_Lv2)' 등이 있습니다.

그밖에도 다양한 팀이 있지만, 여건상 모든 아이돌을 만나 볼 수는 없었습니다.

하지만, 저는 아이돌로 활동하는 모든 분들이 팬들에게 따뜻하고 소중한 사람들이라고 생각합니다.

✦⟩⟨✦
여담으로 지하아이돌을
하고 싶은 분들에게 작가가 전하는 꿀팁!

지하아이돌을 하고 싶은데 어떻게 해야 할지 잘 모르겠다고요?

지하아이돌이 되고 싶은 이들에게 작가가 알려 주는 본격! 지하아이돌이 되는 방법!

먼저 미성년자의 경우, 부모님의 동의가 필수입니다!

아이돌이 되고 싶어서 남몰래 열심히 준비하다가 데뷔 전날 부모님께 걸려서 못 하게 되면 너무 슬프잖아요…. 이런 사태를 방지하기 위해서는 부모님의 동의가 꼭 필수입니다!

부모님에게 동의를 얻었거나, 본인이 성인이라 준비가 되어 있다면?

SNS나 아이돌 관련 커뮤니티에 아이돌을 뽑는 공지를 확인하고 자기가 생각하는 컨셉이나 방향성이 같다면 지원을 하시면 돼요.

만약 자기가 원하는 컨셉이 없다면? 글을 작성하셔서 올리시면 됩니다.

지상? 지하아이돌

저는 라우드계를 기반으로 한 아이돌을 만들고 싶습니다.

노래도 좋아하고 춤도 좋아하고, 무엇보다도 '아이돌이 되고싶다!'라는 분들과 같은 목표로 미래를 꿈꾸고 싶습니다.

이외에도 의상 디자인 및 작사, 작곡을 해 보고 싶은 분들도 대환영입니다.

같은 목표를 이뤄 가는 것에 있어 결코 가볍지만은 않겠지만, 순간순간이 모여 큰 꿈을 이룬다고 생각합니다.

하고 싶은 분들은 주저 없이 지원 바랍니다!

연습은 서울 근교 및 추후 멤버 회의를 통한 연습실을 구할 예정이며, 이외에도 교통비 및 의상 대여료 등은 개인 부담입니다.

시작은 작고 초라해 보일 수도 있지만, 같은 꿈을 가진 분들과 모여 큰 미래를 만들어 보고 싶습니다.

부담 갖지 말고 지원해 주세요!

〈지원 자격〉

성인 이상(미성년자의 경우 부모님 동의를 구하신 분)

심신이 건강하신 분

아이돌 활동이 1순위가 될 수 있는 분

연락 및 소통이 잘되는 분

책임감과 열정이 강한 분

〈지원 양식〉

1. 본명/나이/키, 몸무게

2. 거주 지역

3. 지원 동기 및 자기소개 작성

4. 매력 어필 영상(춤 or 노래, 그 외 기타)

5. 전신 사진 등

(작성자 메일이나 1:1 오픈채팅 등을 이용하여 지원 링크를 개설 후)
지원을 희망하시는 분들은 언제든지 연락 주시면 됩니다.
1차 합격한 분들에 한하여, 2차 심층면접을 진행한 뒤 결과를 개인적으로 연락
드리도록 하겠습니다.

이런 식으로 글을 작성하시면 됩니다!

이외에도 본인이 되고 싶어하는 이유나 원하는 내용을 최대한 자세하게 적어서 알려 준다면 지원자들은 큰 도움이 되지 않을까 싶어요.

또한, 기존에 있는 팀이나, 소속사가 있는 팀에 지원을 하신다면 어느 정도 커리큘럼이 잡혀 있어, 여러 팀에 지원이 가능하니 소속사에 있는 팀이나 기존 팀에서 모집 공고가 나온다면, 지원해 보는 것도 좋습니다.

같은 꿈을 가진 빛나는 원석들이 모여 화려한 보석이 되는 그날까지!
모두 꿈을 위해 노력해 볼까요?

자, 이렇게 국내 지하아이돌 및 아이돌 지원 방법을 알아봤어요!
이제는 지하아이돌을 좋아하는 팬들에 대해 알아볼까요?

지상? 지하아이돌

지하아이돌을 좋아하는 팬

지하아이돌 팬들은 어떤 사람?

인터뷰해 봤습니다!

지하아이돌을 알게 되는 경우는 여러 가지가 있는데요?

　지하아이돌은 유튜브 및 다양한 소셜미디어를 통해 존재를 드러낸답
니다.

　이외에도 웹툰이나 만화에도 종종 등장하기도 해요.

　저 또한, 유튜브를 통해 지하아이돌을 알게 되었답니다.

　그럼, 지하아이돌 팬들은 어떻게 지하아이돌을 알게 되었고 또한, 지
하아이돌을 보면서 무슨 생각을 하는지 궁금하시죠?

　그래서! 제가 직접 팬들과 인터뷰를 진행해 봤습니다!

Q. 지하아이돌을 알게 된 계기를 서술하시오.

　"일 끝나고 집에서 자기 전에 유튜브를 보다가 지하아이돌의 영상을
우연히 보게 되었습니다. 아이돌도 이쁘고 공연도 신나는 것 같아서 쉬

는 날에 공연을 보러 갔었는데 그때 본 무대에 매료되서 지금까지도 공연을 보러 다녀요."

"원래는 일본 아이돌을 좋아해서 공연 영상을 보다가 추천 영상으로 국내 지하아이돌의 영상을 보게 되었습니다. 국내에도 이런 아이돌이 있는지 알게 되었고, 다음 날 공연을 찾아갔는데 제가 원하는 모습인 것 같아 지금까지 쭉 다니고 있어요."

"서브컬쳐 계열을 좋아해서 여러 플랫폼에서 서브컬쳐 문화를 접하는 도중에, 지하아이돌을 알게 되었고 무심코 갔던 공연에 반해 지금까지 다니고 있어요."

"친구가 지하아이돌을 보고 싶다고 공연 같이 보러 가자고 따라갔다가 지금까지 보고 있어요. 지금은 친구보다 제가 더 좋아합니다."

이렇게 팬들에게 지하아이돌을 알게 된 계기를 물어봤어요.

각자 다양한 방법으로 접하게 되었는데 대부분의 경우는 유튜브 직캠을 보고 오시는 분들이 대부분이더라고요.

음, 어떻게 보면 굉장한 우연이라고 생각되지 않나요?

유튜브나 각종 플랫폼을 통해 지하아이돌을 본다고 하더라도, 그냥

지나칠 법도 한데, 지금 현재까지도 공연을 찾아오고 지하아이돌을 좋아하는 이유가 궁금했습니다.

그래서! 아이돌을 좋아하는 이유와, 팬들이 생각하는 장, 단점을 물어봤습니다.

Q. 지하아이돌을 좋아하는 이유 및 본인이 생각하는 장점, 단점을 서술하시오.

"아무래도 지하아이돌을 좋아하는 이유는 팬들을 하나하나 소중히 여겨 사소한 것까지 기억해 주는 부분이 가장 큰 거 같아요. 팬이 저 말고도 많을 텐데 만날 때마다 저에 대해 하나하나 기억해 주시는 점이 너무 좋아요. 수많은 팬 중에 하나일 뿐인데 사소한 것까지 기억해 주는 것이 너무 고맙더라고요.

장점은 아마, 접근성이 용이하다? 이게 가장 큰 장점이자 매력이라고 생각해요. 공연이 끝나고 특전회를 통해 짧지만 아이돌과의 만남을 가지는 접근성이 가장 크다고 생각해요.

단점은 특전회 시간이 짧아 오래 못 만나는 거 정도? 주말밖에 시간이 없다 보니까 공연을 보러 온 김에 끝나고 좀 더 대화도 하고 싶은데, 시간이 너무 짧은 거 같아요."

"공연 보고 집에 와서 아이돌과 같이 찍었던 폴라로이드 사진을 올리면서 아이돌 계정을 태그했었는데 직접 댓글을 남겨 주시더라고요. 진짜 저를 소중하게 생각하는 마음이 그때 느껴졌습니다. 공연 끝나고 많이 피곤하실 텐데 저뿐만이 아니라 다른 팬들에게도 댓글을 남겨 주고 공연 후기도 남겨 주는 거 보면 대단하다고 느껴진다니까요?

장점이요? 제가 좋아하는 아이돌이 절 기억해 주는 거요. 특전회에 여러 팬들과 대화를 하다 보면 잊어버릴 수도 있는데 하나하나 기억해 주더라구요. 특히, 트위터에 후기를 올렸을 때 댓글 써 주는 거 보면 팬으로서 사랑받고 있구나를 느끼게 되더라고요.

단점은, 제가 좋아하는 아이돌이 많은데 공연이 겹치다 보니 누구를 보러 가야 될지 가끔 고민이 좀 되더라고요. 몸이 여러 개였으면 다 볼 수 있을 텐데 너무 아쉬워요."

팬들과의 인터뷰를 통해 각자의 생각을 들어 봤어요.

아이돌을 좋아하는 이유, 혹시 눈치채신 분 계실까요? 맞아요. 공연이 끝나고 만날 수 있는 접근성. 즉, 팬들과의 소통이라고 해요.

공연 준비부터 연습 및 개인 일정 등으로 인하여 바쁜 시간을 보내고 정신도 없을 텐데, 하나하나 기억해 주고, 개인 시간을 쪼개어 소통도 해 주는 모습을 보면 참으로 대단하다고 느껴져요.

마지막으로, 팬들이 생각하는 아이돌의 미래를 한번 들어 볼까요?

Q. 팬들이 생각하는 아이돌의 미래를 서술하시오.

"아무래도 문화적인 측면에서 생각해 본다면 아직까지는 지하아이돌 문화에 대한 대중성이 크게 없다 보니, 국내에 적응해야 되는 시간이 좀 더 필요할 것 같아요. 팬으로서 생각해 본다면 널리 퍼져서 제가 좋아하는 아이돌이 잘됐으면 좋겠지만 현실은 그게 아니니까요. 하지만 지하아이돌분들과 문화가 지금보다 더욱 발전해서 날개를 펴는 그날까지 응원해 보려고요."

"솔직히 일본에서 파생된 문화잖아요? 이걸 기반으로 생각을 해 볼 때 국내에서 거부감을 느낄 수가 있어요. 우리나라는 K-대중문화가 주를 이루잖아요? 어딜 가도 K가 붙어 버리니까 국내 자부심이 되게 센편이에요. 거기다 다른 나라도 아니고 일본 문화가 들어와서 무언가를 하려고 한다?

저도 지하아이돌 팬이지만, 아직까지는 대중적으로 문화가 자리 잡기 힘들다고 생각돼요. 하지만, 지금까지 해 온 노력과 에너지 넘치는 무대를 보면, 지금보다 더욱 커질 수 있다고 생각해요. 아이돌 여러분, 화이팅입니다!"

자, 이렇게 팬들이 생각하는 미래까지 알아봤습니다.

어떠신가요? 여러분의 생각과 비교했을 땐 비슷할 수도, 많이 다를 수도 있지만 대부분의 팬들 생각에는 모두 다 잘되었으면 하는 생각들을 가지고 계시더라구요.

저 또한 한 명의 팬으로서, 지하아이돌분들이 지금보다 더 잘되었으면 좋겠어요.

지금처럼 팬들에게 많은 에너지를 나눠 주고, 위로가 되어 주는 지하아이돌이 국내에 있다는 게 참 좋아요.

대중성도, 문화성도 아직은 작아 보일 수도 있지만, 크게 중요하지 않다고 생각돼요.

지하아이돌 덕분에 오늘 하루도 힘내서 이겨 낼 수 있고, 더 나아가 앞으로의 불안한 미래에 큰 버팀목이 되어 주는 것. 그것이 팬들이 지하아이돌을 보러 가는 이유가 아닐까 생각합니다.

지하아이돌에 관한
저자의 생각

현재를 살아가는 여러분들은 매일 새로운 것들을 보고, 듣고 계실 겁니다. 그중에 하나인. 지하아이돌 문화는 여러분에게 낯설게 느껴지셨을 겁니다. 어떠신가요? 책을 읽어 보니 지하아이돌의 문화에 대해 생각이 좀 바뀌셨나요? 단지, 지하아이돌이라는 이름만으로 거부감을 느끼실 수도 있습니다.

　하지만 그들이 지금껏 해 왔던 노력과 열정을 조금이나마 알게 되신다면, 지하아이돌을 기존과는 다르게 보게 될 것입니다.

　팬들에게 항상 좋은 무대를 보여 주고, 찾아온 이들에게 좋은 추억으로 남기 위해, 밤낮으로 노력하고 무대에서 희망 찬 안무와 노래로 우리에게 좋은 에너지를 심어 주는 그들을 보고 있자면 괜시리 울컥하기도 하고, 정말 대단하다는 생각밖에 들지 않더라구요.

　　　　　　　　　　　　　　　　　　　지상? 지하아이돌

기존의 아이돌처럼, 일방적인 표현을 받아들이는 것이 아닌, 팬들과의 플로어에서 같이 호흡하며, 무대를 만들어 가는 것.

더 나아가, 아이돌과 팬 모두가 아무 가식 없이 있는 그대로를 표출하는 형식.

이런 형식은 지하아이돌 무대에서만 볼 수 있고, 지하아이돌만의 큰 강점이라고 생각합니다.

제가 생각하는 지하아이돌을 한마디로 표현해 보자면, 지하아이돌은 동심으로 돌아가는 타임머신이라고 생각합니다.

모든 것을 내려놓고, 그저 어린아이로 돌아가는 타임머신 안에 있는 듯한, 잊어버렸던 순수함을 그대로 공연장에서 펼치는 것. 그 누구의 눈치도 보지 않고 아이돌과 같이 무대를 꾸며 가는 것. 이것이 제가 생각하는 지하아이돌이라고 생각합니다.

비록, 일본에서의 문화가 모티브가 되어 국내로 들어온 점을 보아, 일본의 모습이 많이 보여지지만, 그러면 또 어떠한가요. 다문화 시대에 이런 문화를 하나쯤은, 우리는 받아들일 수 있다고 생각합니다.

또한, 이런 문화가 아이돌이 되고 싶어 했던 분들에게는 꿈을 이룰 수 있는 좋은 기회라고 생각이 듭니다.

유명한 아이돌처럼은 아니지만 그들에게도 아이돌이라는 의미를 갖고 다 같이 모여 꿈을 펼치는 것, 그것이 지하아이돌이 가지고 있는 또 다른 의미라고 생각합니다.

저는, 이 책을 쓰기 위해 많은 공연을 보고, 그 공연을 통해 여러 가지를 느꼈습니다.

또한, 한 명의 팬으로서 공연을 보며, 다른 팬분들과도 지하아이돌이라는 주제로 여러 대화를 나누기도 했습니다.

"여러분에게 지하아이돌의 의미는 무엇인가요?"라는 질문을 했을 때, 그들은 이렇게 대답했습니다.

"함께 무대를 만들어 가는 모든 시간들이 모여 내일을 살아갈 수 있는 희망과 현실에 지친 나를 따뜻하게 위로해 주는 존재."

참으로 신기하지 않은가요. 무대에서 공연하는 건 정작 아이돌인데 팬들도 같이 무대를 만들고 그 시간들이 모여 내일을 살아갈 수 있는 희망이 된다는 것이.

지하아이돌에 있어서 팬들은 그 무엇보다 소중하고 가치 있는 존재라면, 팬들에게는 지하아이돌은 그 무엇과도 바꿀 수 없는 보석과도 같은 존재라고 생각합니다.

단순, 아이돌과 팬이라는 관점에서 끝이 아닌 더 나아가 때로는 친구처럼, 가족처럼 우리의 고민도 해결해 주는 해결사가 되는 것처럼요.

지상? 지하아이돌

이제 우리는 지하아이돌이라는 이름 하나만으로 평가하는 대상이 아닌 그들이 지금까지의 무대를 위해 노력과 행보를 존중해야 할 시기라고 생각합니다.

우리는 그저, 현재의 지하아이돌 모습만 보고 미래를 정하는 것은 모순적이라고 생각합니다.

미래는 그 누구도 모르잖아요? 매일 하루를 살아가는 우리들은 과거도, 미래도 그렇게 중요하지 않아요. 나를 온전히 만드는 것, 그리고 그것을 받아들이는 모든 것은 지금이에요. 지금의 지하아이돌 모습을 보고 있자면, 앞으로의 미래에도, 지금처럼 우리에게 힘이 되어 주는 존재가 될 거라고 장담합니다.

또한 최근에는, 오프회나 무료 공연과 같은 여러 이벤트로 팬들에게 한 발짝이라도 더 다가가기 위해 노력하는 모습을 우리는 엿볼 수가 있습니다.

공연에서뿐만 아닌, 공연 밖에서도 우리와 만나기 위해 바쁜 시간을 쪼개어 여러 이벤트를 준비하고, 자신들을 찾아오는 팬들을 위해 비싼 대관 비용을 스스럼없이 부담하여 조금이라도 팬들과의 만남에 노력하는 모습을 본다면, 팬들을 얼마나 소중하게 여기는지 우리는 느낄 수 있습니다.

지하아이돌 공연을 보러 갔다면 다른 사람 눈치 보지 말고, 아무 생각도 말고, 최대한 즐겨 보세요. 마치 지금이 전부인 것처럼, 이 순간은 다신 오지 않을 거니까요.

비록, 초라한 나일지라도, 지하아이돌 무대에서만큼은 주인공이 될 수 있다고 생각합니다.

지하아이돌을 알게 된 점이 저에게는 크나큰 축복이라고 생각합니다. 가끔은, '다음 생에도 지하아이돌을 볼 수 있을까?'라는 의문도 들 정도니까요. 다음 생에 태어나면, 우리는 더 이상 우리가 아니듯이 말이에요.

또한, 평범할 것만 같던 오늘 하루가 잠시나마 특별해지는 순간으로 느껴지실 겁니다.

지금껏, 수많은 우연을 뛰어넘어, 여러 선택지 중에 하나를 선택하여, 우리는 아이돌과 팬이라는 이름으로 서로를 만나고 있습니다.

여러 선택지 중 지하아이돌을 선택한 것, 그 지하아이돌과 만남을 선택한 것에 있어 후회하지 않는다는 점을 서로 너무나 잘 알고 있다고 봅니다.

이렇게, 아이돌도, 팬들도, 서로 만나기 위해 하염없이 기다렸다는 것을 무대를 통해 우리는 볼 수 있어요.

지금처럼 서로에게 없어서는 안 되는 소중한 사람들이 되었고, 그 소중함을 잊지 않는다면, 앞으로도 더욱 발전할 수 있는 문화가 될 거라고 믿어 의심치 않습니다.

비록, 현실의 벽에 부딪혀 어쩔 수 없이 아이돌을 그만두시는 분들도 계시지만, 그들을 아낌없이 좋아하고 응원해 주던 팬들에게는 아이돌과 함께한 모든 순간들이 잊지 못할 소중한 추억으로 남아, 큰 희망의 씨앗이 되어 그들을 성장시켜 나갈 겁니다.

끝으로, 지하아이돌이라는 이름만으로 색안경을 낀 상태로 보지 마시고, 지친 일상을 잠시나마 위로해 주고 따뜻하게 안아 주는 귀여운 소녀들로 봐 주시면 어떨까요?

일상생활에 지쳐 기댈 곳이 필요하다면, 평소에는 느끼지 못한 새로운 경험을 하고 싶다면 지하아이돌 아니, 라이브아이돌을 한번 찾아가 봐요.

초라하게 느껴졌던 나의 모습을 벗어던질 수 있는 좋은 기회이니 말이에요.

제가 지하아이돌 공연을 찾는 이유는, 기존에는 볼 수 없었던 밝고, 사랑스런 모습으로 현실에 지쳐 소외되어 있는 나를 있는 그대로 사랑해 주기 때문일지도 모릅니다.

그래서 저는, 오늘도 라이브아이돌(지하아이돌)을 보기 위해 지하로 내려갑니다.

여러분이 지금껏 알지 못했던 라이브아이돌

지상? 지하아이돌

ⓒ 최운혁, 2024

초판 1쇄 발행 2024년 9월 3일

지은이   최운혁
펴낸이   이기봉
편집   좋은땅 편집팀
펴낸곳   도서출판 좋은땅
주소   서울특별시 마포구 양화로12길 26 지월드빌딩 (서교동 395-7)
전화   02)374-8616~7
팩스   02)374-8614
이메일   gworldbook@naver.com
홈페이지   www.g-world.co.kr

ISBN   979-11-388-3478-0 (03680)